컨셉팅하라
그리고 코딩하라

컨셉팅하라 그리고 코딩하라

발행일	2019년 5월 31일
지은이	김용찬
펴낸이	김용찬
펴낸곳	원펀치
출판등록	2018. 3. 15(제2018-000018호)
주소	서울시 동작구 상도로37길 64, 501호(상도동)
홈페이지	www.ManagementByConcept.com
전화번호	010-5323-8181
이메일	palhana@naver.com

편집/디자인	(주)북랩 김민하
제작처	(주)북랩 www.book.co.kr

ISBN 979-11-963455-2-5 13320 (종이책) 979-11-963455-3-2 15320 (전자책)

이 도서의 국립중앙도서관 출판예정도서목록(CIP)은 서지정보유통지원시스템 홈페이지(http://seoji.nl.go.kr)와
국가자료공동목록시스템(http://www.nl.go.kr/kolisnet)에서 이용하실 수 있습니다.
(CIP제어번호: CIP2019020527)

SNS를 통해 쉽게 익히는 컨셉팅과 코딩 언어 입문 노하우

컨셉팅하라 그리고 코딩하라

김용찬 지음

비즈니스와 프로그래밍은 한 몸이다

코딩 기술은 좋은 컨셉팅과 만나 완벽한 결과물로 탄생한다!

◎ 원펀치

많은 분이 코딩을 배우는 시절입니다. 영어랑 코딩을 배우게 되면, 나중에 살아가는 데에 어려움이 없을 거라 합니다. 그럴까요? 전 그렇게 생각하지 않습니다. 오히려 컨셉팅과 코딩을 배우시라고 권합니다. 그 이유는? 영어와 코딩은 같은 좌뇌 소관입니다. 반면에, 컨셉팅과 코딩은 우뇌, 좌뇌의 소관입니다. 미래의 세상에선 좌우뇌를 골고루 발달시킨 사람만이 살아남는 고도의 경쟁 사회가 곧 도래할 거라는 것이 제 예측입니다.

다행히 전 이 컨셉팅과 코딩을 거의 평생을 공부해왔고, 실전에서 익혀왔습니다. 그리고 작년부터는 출판사를 설립해 책과 인터넷을 통해서 널리 이 교육 콘텐츠를 보급해오고 있습니다.

전년도 4월에 『콘셉트 경영』(저자 김용찬, 2018년 원펀치 출판사) 책자를 발간했고, 이번이 그에 이어 두 번째로 보급하는 책이 될 것입니다. 이전 책에선 인문계 성향의 분들은 후반부에 들어가서 이해가 어렵다 하시고, 자연계 성향의 분들은 초반부에서 감이 잘 잡히지 않는다는 평을 들었습니다. 이번엔 이를 극복하려 보드 판서 구간을 좌에서 우로 1-6으로 나누어서 활용하는 등 노력을 많이 기울였습니다. 또 한편, 이번에 전권 부록에서 응용1, 응용2로 예고했던 아이부스, Palhana 비엠이 모두 제대로 나온 것 같아 기쁩니다.

이 책은 『콘셉트 경영』(2018년)의 원칙이 객체로 구현되어서, 약 1년간 스스로 작동해온 일대기이자 기록형 실전서라고 할 수 있습니다. 워크북 성격으로 보여, 입문서로 부적합하다고 느끼실 수도 있지만, 컨셉팅과 코딩 언어가 합일되기 위한 새로운 적응기간으로 생각하시고 마음을 열고 젖어보시기를 바랍니다. 좀 더 개괄적인 개념이해가 필요하신 분은 『콘셉트 경영』(2018년)을 먼저 참고하셔도 좋겠습니다.

여기에 올려진 콘텐츠는 페이스북 그룹에서 저희가 실제로 개발했던 내용을 그대로 가져왔습니다. 각기 url을 찾아 회원가입 하시면, 구체적으로 무슨 날짜에 어떤 경로를 거쳐 이 내용들이 나왔는지 확인해 볼 수 있답니다. 일을 도모하시는 분들께선 뒤에 안내될 인터넷 주소에 직접 접속하여 거기서 인사이트를 얻어가시길 바랍니다.

"컨셉팅하라 그리고 코딩하라" 하니 마냥 어렵게만 들리시는 모양입니다. 그렇지 않아요. 우리 일상에서 그냥 쉽게 우리가 실천해볼 수 있는 노하우랍니다. SNS라는 문명의 이기를 보다 가치 있게 한번 활용해보자는 운동입니다.

컨셉팅한다고 하면 흔히들 컨셉이 잘 나왔니 못 나왔니 하는 등의 감각적인 좁은 의미로만 생각들 하는 경향이 있나 봅니다. 하지만 저흰 워밍업, 마케팅조사를 거치는 포지셔닝, SCM, CRM 등의 전략과 함께 마중물 전술, 리더십 방안들을 구현해내는 일체의 종합 방안을 두루 살펴서 실패하지 않는 비즈니스모델이 되어 나오게 하는 넓은 의미의 행위를 컨셉팅한다고 부릅니다. 물론 거기에 상응하는 코딩한다는 의미는 그렇게 나온 콘셉트를 프로그래밍을 해서 객체모듈(object module)로 구현해내는 행위를 일컫습니다. 거기에 더하여 저흰 페이스북의 페이지, 그룹을 소통채널 수단으로 활용하는 것도 일종의 객체로 구현해내는 기술이라 보고 널리 활용토록 권장하고 있습니다.

이 책의 원고는 2018년 10월 16일에 시작해서 2019년 3월 15일에 마감했습니다. 많은 분들이 책들을 펴낼 때에 자신이 얻게 된 결과만을 드러내시는 것이 전 평소에 못마땅했습니다. 왜냐면 일의 도모는 우리의 일상에서 연속적으로 이어지는 성격이고, 떠오르는 생각들이 세상에 나와 부딪치며 계속 진화해나가면서는 결실을 맺게 되는 것이 통상입니다. 그래서 전 결과물보다는 프로시쥬어가 중요하고 거기서 독자들은 더욱 쉽고 친절하게 인사이트를 얻게 되신다는 생각을 갖고 있어서 랍니다.

사실 결과물만 보아서는 어떤 진통과 과정을 겪었는지를 알 수 없으니 따라 하기엔 비현실적이라는 게 제 생각입니다. 그래서 전 가능한 그 당시 상황에서 어떤 생각을 갖고 또 의논 나누었는지를 이 책에다 그대로 담고자 노력했습니다.

이 책은 때맞추어 단국대 산학협력단에서 개념훈련 특강 시간을 할애해주시고, 김주성 사장님이 작년 7월부터 꾸준히 저희 오프라인 모임에 출석해 주셨기에 탄생이 가능했습니다. 결단을 내려주시고 같이 해주신 이분들께 감사드립니다.

III
객체구현 그룹
www.Donghan.com

IV
융합코딩 그룹
www.iBooth.net

원펀치 그룹

www.Palhana.com

유닛 7 비즈니스를 프로그래밍하는 언어를 하나
만들어내겠습니다

비즈니스를 프로그래밍하는
언어를 하나 만들어내겠습니다

시트 12, 18[Palhana BMDL School 비전]

저 멀리 모스크바와 인도 북부에다 저희 랭귀지 스쿨을 개교하는 것이 비전입니다. 이 꿈을 키워내는 작업에 착수하겠습니다. 2018년 아이부스 아카데미 납회를 이 비전 선포식으로 하게 해주신 윤여진 팔하나 포럼 사무총장님, 김주성 AI 코딩서비스 사장님께 감사드립니다.

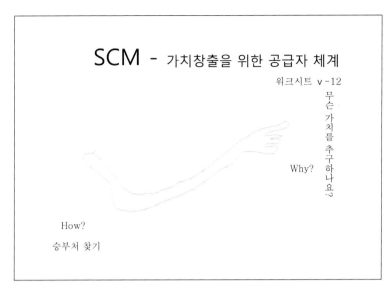

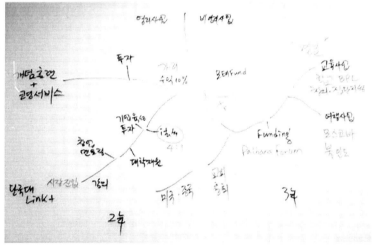

시트 13, 18 [인지부조화와 Business Programming Language]

우린 알고리즘만 잘 다듬어 간다면, 어느 날인가엔 프로그래밍 랭귀지를 하나 새롭게 만들어낼 수 있지 않을까 하는 믿음을 갖고 있습니다. 그건 어떤 특별한 카테고리별로 나누어져서, 상형문자와 같은 워크시트 도형을 근간으로 하고, 거기에 판서 규칙으로 추상(abstract)시킨 구간을 채워내는 모듈 방식이 될 거라는 생각에서 이 실험 학습을 진행하게 되었습니다. 이런 글 한 꼭지씩으로 우린 이슈가 되는 내용에서 집단지성을 발휘해 우리 사회에 해법을 가져다 줄 수 있게 될 것입니다.

AI니 Big Data니 하는 4차 산업혁명 시대에 그네들과 어깨를 나란히 하는 사업이 되어줄 거로 사료됩니다.

오늘의 이슈입니다.

반대되는 믿음, 생각, 가치를 동시에 지닐 때 또는 기존에 가지고 있던 것과 반대되는 새로운 정보를 접했을 때… 콘셉트 경영에선 어떻게 그 정신적 스트레스나 불편한 경험을 해소하죠?

이렇게 한답니다.

먼저 3, 4번 구간 CONTRAPOSITION에서 시작합니다.

우리 오늘은 이런 이슈를 갖고서 콘셉트 경영 입장에서 한번 들여다볼까요?

좌

인지 부조화 현상이 일어날 때 우린 거기에 반대급부에 해당하는 조치를 어떤 식으로든 취합니다. 그리고는 자신을 평정한 상태로 되돌립니다. 그렇지 않나요?

우

그걸 우리가 평소에 어떤 자신의 평정을 찾기 위한, 곧 균형감각을 잃지 않을 어떤 균형추로 작동하는 채널을 하나 관리하고 있다면, 우린 삶에서 남다른 성취를 이룰 수 있을 거라는 생각이 혹, 들지 않으세요?

사소한 일상에서 한번 예를 들어보죠. 어쩌다 우리가 큰일을 해냈습니다. 너도, 나도 주위에서 칭찬이 자자합니다. 제가 돌아봐도 '참 대견한 일을 해냈구나'라는 느낌입니다. 이럴 땐 전 다른 한편에선 이런 걸 느낍니다. 어 이거 이러다간 또 교만해질 텐데 교만의 늪에 빠져서 오랫동안을 헤어나지 못하고 살아왔던 체험이 있는 전 그 순간 안 좋은 생각이 동시에 엄습하는 거지요. 이게 인지 부조화 사례입니다.

전 여기서 이런 불편 해소 조치에 들어가고자 하는 생각이 떠오릅니다. 그래, 오늘은 이 칭찬에 대한 포상을 해주자. 주로 제가 하는 방식은 막걸리 한잔하는 겁니다. 그리하면, 만사를 잊습니다. 대개는 한 반나절 동안은 아무런 오성, 이성이 작동하지 않더군요. 이게 이럴 땐 약효가 있다는 겁니다. 우리의 인지 부조화로 인한 스트레스를 메워 주지요. 의사는 당뇨기가 있는 제게 술 먹지 말라고 하지만, 이때만큼은 국면 전환을 위한 용도라 몸에 나쁘긴 하지만 하는 수 없지 않을까요?

그렇지 않고 내버려 두었을 땐, 그럼 어떻게 발전할까요? 마냥 교만의 늪에 빠져서 헤어나는 데에 한참이 걸리는 상황이 전 염려되는 겁니다. 그런 경험이 있는 제가 다시 또 교만에 빠져들까요? 아마도 그럴 겁니다. 교만은 사탄이 사람을 데려갈 때 써먹는 아주 교활한 '원펀치'이거든요!

전 평소에 제 나름으로 이런 용도의 채널을 하나 관리해온 지 어언 15년이 지났습니다. 처음엔 네이버 카페, 블로그, 그러다 페이스북 페이지, 그룹으로 점차 수단이 바뀌어 왔지만, 그 용도는 마찬가지, 제 생각과 감정의 균형을 잡아주는 역할이었습니다.

다음 2번 구간 REASONING입니다.

학설이나 이론을 소개합니다. 인간이 여타 동물과 다른 점은 생각을 잘 정리한다는 것입니다. 맞나요? 그리하여, 우린 시간과 공간을 달리하는 불특정 다수의 많은 이들에게 그 영향을 미치게 되고 그게 곧 우리 인류의 발전에 지대한 역할을 해왔습니다.

아리스토텔레스는 인간은 사회적 동물이라 하였고, 칸트에 이르러선 순수이성을 잘 관리해내기 위해선 평소에 개념을 잘 다듬어 놓을 필요가 있다는 역설을 주장했고, 거기에 지금은 다들 수긍하고 있습니다. 여기에 전 최근에 나온 인지과학자들이 주장하는 인지 부조화에 대응하는 방식에서 좀 더 힌트를 얻게 되었습니다. 그렇게 해서 나온 제가 찾아낸 해법입니다.

평소에 채널을 하나 관리하시라는 겁니다. 거기서 한 걸음 더 나아가, 일반적으로 일을 도모하는 목적의 프로그래밍 랭귀지를 하나 구상하기에까지 이르게 되었습니다. 이 코딩 랭귀지로 평소에 의사소통 해내는 습관을 길들이시기 바랍니다. 놀라운 효과를 보게 되십니다.

팀별 실습 - 시트13(먼저 종이를 나눠 준 후, 아래 설명에 들어갑니다)

우린 자신 내부에서 일어나는 생각들을 잘 정리해서 글로써 다듬어 가다 보면, 자신을 잘 균형 잡아 살아가게 만들 수 있으며, 언제 어디서든 개념이 잘 잡힌 사람이 되게 할 수 있어, 무슨 일에서든 도모할 때에 지혜롭다는 소릴 주위로부터 들을 수 있게 된답니다. 이런 학습 훈련을 해내는 기능을 담은 프로그래밍 랭귀지를 우리 하나 새롭게 개발해서 너도나도 익히게 한다면 널리 인류에게 이로움을 줄 수 있지 않을까요?

주제 - 일 도모를 위한 프로그래밍 랭귀지 개발

pros - 좋다, 인류를 널리 이롭게 할 것이다

cons - 안 좋다. 오히려 인류를 더욱 어려움에 처하게 할 것이다.

和 - 뭐가 나올까요? 비전을 같이하는 이들만이 활용할 수 있게 해준다면, 어떨까요?

나와서 발표해 주실까요?

--------- 질의응답과 10분간 휴식 ----------

1번 구간 FINDING입니다.

우리 주위에서 이런 fact를 한번 찾아볼까요? 우리 뭐라고 이 신개념을 세워야 할까요?

우린 프로그래밍 랭귀지라 하면 C, JAVA 등과 같이 통상은 영어로 만들어진 일반적인 부호를 써서 컴퓨터와 의사소통 해내는 역할을 하는 언어로 알고 있습니다. 하지만, 자세히 들여다보면, 요즘 CRM 패키지로 유명한 'SalesForce.com'과 같은 모듈들은 이미 프로그래밍 랭귀지 개념을 응용에서 실천하고 있음을 알 수 있습니다. 더욱 많이 진전한 응용모듈 서비스로는 전 페이스북이 그 정상에 올라 있다고 생각합니다. 이 페이스북이 객체 모듈로 기능 구사하는 역량은 세계 최고입니다. 전 거기서 페이지 - 그룹의 조합에 주목했습니다. 최근에 나온 그룹 소셜학습과 유닛관리 기능은 제가 여태 본 중 최고의 기능모듈입니다.

여기서 전 한 차례 더 응용 서비스를 진화시켜내어 프로그래밍 랭귀지 수준으로 한번 끌어올려 보고자 나섰습니다.

이게 워크시트 0-18쪽, 판서 보드 1-6구간과 함께 하여 하나의 비즈니스 프로그래밍 랭귀지를 이루게 됩니다. 여기서부터 시작해서, 우린 신개념의 프로그래밍 랭귀지를 만들어내게 될 것입니다. 일단은 저랑 김주성 사장님이 주축이 되어 시작해보겠습니다! 언제든 같이하실 분께는 동참의 문을 열어 놓겠습니다.

5번 구간 REFERENCE입니다.

우리의 삶 속에서 이게 적용되고 있는 사례를 보기까진 우린 꿈적도 하질 않습니다. 맞나요?

같이 한번 찾아볼까요?

요즘 4차 산업이니 해서 너도, 나도 AI, Big Data를 한다고 떠듭니다. 이게 어찌 보면, 프로그래밍 랭귀지를 하나씩 만들어내겠다고 하는 거랑 별반 다르지 않을까요? 자신만의 독특한 알고리즘을 세우고, 어떤 목적하는바 서비스를 해내는 거로 다들 엄청난 투자를 아끼지 않고들 있습니다. 보면 이네들은 꽤 일반적인 영역까지 확장한 사례들을 다루고 있습니다.

IBM 왓슨

알파고의 허사비스 바둑 알고리즘

MIT의 AI칼리지

6번 구간 FINALIZE입니다.

옆의 사례에서 우리 무얼 Abstract 해볼 수 있을까요?

독특한 알고리즘을 세워서, 널리 일반적인 목적에 맞는 응용 서비스를 개발하는 이들이라면, 그건 프로그래밍 랭귀지라 불러도 무방해 보이지 않나요?

여기선 목적은 니즈랑 일치한다는 걸 볼 수 있고, 그건 곧 가치 창출이라 할 것입니다.

단체 실습 - 시트18

귀하나 귀 팀에선 어떤 니즈를 특별히 느낀 적이 없으신가요? 그게 의사소통을 자유롭게 도와주고, 거기서 잘 균형 잡힌 개념을 새롭게 탄생시키고, 널리 그걸로 인류에게 유익함을 더 해주는 그런 무언가가 프로그래밍 랭귀지로 나와줬으면 좋겠다는 생각을 해본 적이 없으신가요?

어떤 인사이트를 혹, 얻으셨나요?

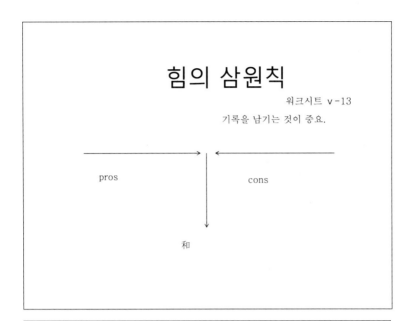

힘의 삼원칙

워크시트 v-13

기록을 남기는 것이 중요.

pros　　　　　cons

和

객체지향 시스템 모델링

워크시트 v-18

어떤 이의 작업과도 잘 어울릴 수 있게끔 시스템을 구현

[가치소통언어 PalhanaApp – CNS Version 0]

좋은 생각과 지식을 체계적으로 관리해서 SNS 언어(페이스북 페이지, 그룹, 이벤트, 메신저, 타임라인)로 코딩을 해 모듈로 만들어내고선 필요로 할 때 언제든 불러서 쉽게 상기시켜 낼 수 있게끔 하는 기능을 저흰 객체구현이라 일컫습니다.

그리고는 이렇게 탄생하게 된 모듈들을 사용해서 널리 소통해내는 운동을 일컬어 '가치소통'이라 부릅니다.

프로그래머들이 흔히들 기능개발에만 매달리는 모습이 평소에 너무 안쓰럽기만 해 보였습니다. 저 자신도 역시 그런 시절을 오랫동안 겪었습니다. 그러다 이 상태로는 더는 우리에게 희망이 없다는 거로 결론을 내렸습니다. 이분들의 콘셉트 경영 역량을 길러내야겠다고 마음먹었습니다. 그래, 가치소통이라는 기치를 내 걸게 되었습니다. 앞으로 우리가 개발해야 할 비즈니스 프로그래밍 랭귀지가 여기서 비롯했다 해서 Version 0라 합니다.

콘셉트 경영을 같이 연마해 보시겠어요?

실제 사례를 수행하면서, 비즈니스 프로그래밍 랭귀지를 학습합니다.

결과물로 실패하지 않는 비즈니스 모델을 탄생시켜 드립니다!

추상화(抽象化), 객관화(客觀化), 유형화(有形化), 개념화(概念化) 기법을 활용한 경영 컨설팅을 받아 보시겠어요?

가치소통에서 비즈니스 프로그래밍 랭귀지라는 이름으로 무료 서비스 중입니다!

귀하의 사업개념을 객체 module로 구현해내어 그 실현에 매진

하게 해드립니다!

가치소통에서 추상화 객관화 유형화 개념화 기법 전수 중.

도전해보시겠어요?

가치소통 언어 PalhanaApp은 비즈니스 프로그래밍 랭귀지! 창의와 콘셉트(Creative & Concept)로 열어가는 가치소통의 세상입니다.

아래는 PalhanaApp(가치소통언어)의 기본구성 모듈들입니다.

가. 가치소통 원펀치 www.Palhana.com

개. 개념훈련 www.ManagementByConcept.com

객. 객체구현 www.Donghan.com

특. 콘셉트 경영 특강 www.facebook.com/ConceptManagement

컨. 컨셉크리에이터 www.facebook.com/PalhanaPro

프. 아이부스 프랜차이즈 2호점 www.iBooth.net

팔. 쉼터 팔하나 www.facebook.com/palhana

교육훈련 수강 문의: 010.5323.8181 palhana@naver.com

2018년에 출간한 『콘셉트 경영』(저자 김용찬, 원펀치 출판사) 저자가 직접 강의 나갑니다. 2시간 특강, 5일/10시간, 3일/20시간짜리 집체교육

※ 강사료는 귀사의 규칙을 따릅니다. 없을 땐, 소정의 강의료를 받습니다.

시트 6, 12, 16 [코딩 랭귀지 스쿨에서부터 시작]

　4차 산업에 대비하기 위해선 영어와 코딩이 필수라 한다. 하지만, 내 시각에선 마케팅과 코딩이 더욱 절실해 보인다. 때맞추어 삼성이 청년 소프트웨어 아카데미 사업을 시작해 많은 인기를 끌고 있다 한다. 거길 들어가기 위한 대비반 운영이 재미를 본다는 얘기도 들린다. 정부에서 추진하는 한국판 에콜42라는 이노베이션 아카데미 사업도 같은 류다. 어쩜 우리가 갖고 있는 콘텐츠가 그 용도로 딱이라는 생각이 든다. 어떨까요, 우리가 한번 도전해봄직하지 않나요?

　어차피 우린 모스크바와 인도 북부에 코딩 랭귀지 스쿨을 지어나갈 비전을 갖고 있기도 하니까, 그 길을 닦아가는 방편으로도 필수코스라는 생각이 든다. 그리고 다행히 우린 '김용찬, 김주성' 강사가 팀으로 이미 갖춰진 상태니 금상첨화라 할 것이다. 난 객체구현을 가르치고, 김 사장님은 코딩서비스를 가르치는 거지요.

　시장은 있느냐? 코딩 랭귀지 스쿨은 꽤나 많이 있어요. 패스트캠퍼스, 비트컴퓨터학원 등이 경쟁사 그네들과 뭐가 다른데? 우린 객체구현과 코딩서비스를 같이 가르친다는 거죠.

　타깃 고객은 누구며, 어떻게 다가가죠? 삼성 청년 소프트웨어 아카데미, 한국판 에콜42라는 이노베이션 아카데미 대비반이라고 널리 홍보하면 될 겁니다. 우린 객체구현과 코딩서비스 채널을 활용하면 유형성도 제법 충족해 보입니다.

　브랜드는? 아이부스 아카데미라는 브랜드를 그냥 쓰면 어떨까요?

포지셔닝 서술문입니다.

아이부스 아카데미는 코딩 랭귀지 스쿨이란 범주시장에서 객체 구현과 코딩서비스를 동시에 가르쳐서 삼성 청년 소프트웨어 아카데미 준비반 등을 운영해 수강생들이 취업에 성공할 수 있게 해주는 교육사업에 나선다.

Why? 왜 하죠? 모스크바, 인도 북부 지역에 우리의 Palhana BMDL School을 개교하고자 하는 비전을 갖고 있습니다.

How? 그 비전을 어떻게 달성하죠? 바로 한국에서 비슷한 류의 사업을 해서 갈고 닦아야 할 것입니다. BPL 개발 인력, 재원도 여기서 마련해야 할 거예요.

브랜드가 아이부스 아카데미와 Palhana BMDL School로 다른데? 아이부스는 영리사업이고, Palhana는 비영리사업입니다. 그러니 브랜드가 각기 달리 가는 것이 좋아 보입니다. 원펀치 스쿨이라고 하는 것보단, 나아 보입니다.

문제는 초기 투자금일 텐데, 그건 김 사장님이랑 나랑 같이 의논 나누어서 최소 금액으로 시작하면 좋지 않을까 합니다. 컴퓨터를 쓸 수 있는 환경을 갖춘 곳을 찾아내야 할 것입니다.

아이부스 아카데미의 리더십 구현은 1. 같은 노력의 장에서 보안 레벨이 같이 적용되는 케이스가 되니, 배분은 둘의 동업 방식이 무난하지 않을까요? 가리 10%를 떼고, 각기 수익의 절반을 나누는 방식을 적용합니다. 2. 이 경우엔 둘의 소유레벨도 어느 한 쪽에 차등을 두기 힘들어 보입니다. 역시 균등하게 절반씩 나누어서 지분을 갖는 방식이 좋지 않을까요?

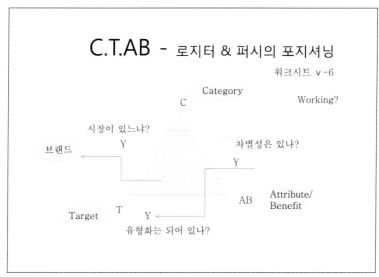

C.T.AB - 로지터 & 퍼시의 포지셔닝

워크시트 v-6

Category

C

Working?

시장이 있느냐?

브랜드 Y

차별성은 있나?

Y

AB Attribute/
Benefit

Target T Y

유형화는 되어 있나?

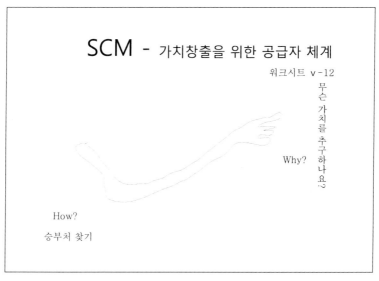

SCM - 가치창출을 위한 공급자 체계

워크시트 v-12

무슨 가치를 추구하나요?

Why?

How?

승부처 찾기

Leadership, 지배구조 개선책

워크시트 v-16

_____ 기업들의 리더십 원천은?

기업형태
(_____산업)

주식회사
유한회사
합자회사
개인회사

프랜차이즈
협동조합

AI라는 언어? [MIT의 AI칼리지에서도 저희랑 같은 생각입니다]

이네들도 비즈니스 프로그래밍 언어 BPL를 가르치겠다는 우리랑 같은 생각이네요.

…AI칼리지 설립이 발표된 것은 작년 10월. 라파엘 리프 총장은 "모든 학생을 이중 언어 자로 키우겠다."라고 했다. 생물학·기계공학·전자공학 등 공학은 물론 사회·경영·역사 등 인문사회 학생들도 AI라는 언어를 전공과 함께 의무적으로 배워 연구에 자유자재로 활용하게 하겠다는 것이다.

NEWS.CHOSUN.COM

모든 학문은 AI로 통하라, MIT의 교육혁명

미국 매사추세츠공대(MIT) 본관 옆 스타타(Stata) 센터. 여러 개의 빌딩이 찌그러지고 기울어져 뭉쳐진 듯한 건물이다. 내부도 미로처럼 구…

시트 12 [IT 융합 코딩스쿨 탄생배경]

IT 융합 코딩스쿨(아이부스 아카데미 이벤트가 새해 들어와서 바뀐 이름)을 개설하지 않으면, 우리의 비즈니스 프로그래밍 랭귀지 개발의 꿈은 실현되지 못할 것으로 사료됩니다.

이 사업은 인력과 재원이 필요합니다. 그리고 그 조달 수단으로 우린 IT 융합 코딩스쿨을 반드시 먼저 세워서 경영해야만 합니다.

객체구현만으로는 멀리 서양에까지 나가 봐야 그리 각광받지 못할 것입니다. 코딩서비스가 더해져서 융합을 이루어내야 합니다. 그게 Palhana 프로그래밍 랭귀지요, 비로소 그들의 주목을 끌 수 있을 것입니다. 그러니 이번 김 사장님과의 의기투합이 그 무엇보다 중요한 시점으로 여겨집니다.

뜻을 같이하게 된다면, 기존의 IT 융합 페이지를 정비해서 거기에 객체구현, 코딩서비스 그룹 두 개를 연결시키는 겁니다. 이게 동업 계약서가 되는 거지요.

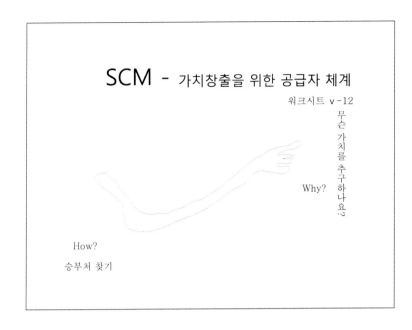

SCM - 가치창출을 위한 공급자 체계

워크시트 v-12

무슨 가치를 추구하나요?

Why?

How?

승부처 찾기

"비전을 갖고 행동에 옮기면 기적이 일어납니다"

하나님과 함께 해온 세월이 어언 36년. 그간 제가 많이 지혜로워진 걸 느낍니다.

하나님과의 소통이 그렇게 절 바꾸어주신 것 같습니다.

이걸 일컬어 사람들은 기적이라 하는 모양입니다.

전 나이 스물여덟에 우연히 컴퓨터 프로그래밍을 업무로 접하게 되었습니다.

그리고 서른다섯 되던 해에 창의력이란 이슈를 들여다보게 되었습니다.

또 마흔이 되던 해엔 동대문 야구장에서 모교 고교야구 응원단장이란 특이한 일을 맡게 되었어요.

한 이십 년 기업경영을 해오다, 오십 초반엔 마케팅 박사과정에 들어가게 되었고.

이렇게 살아오면서는 전 계속 진화해오다, 어느 날 BMDL(비즈니스 모델 개발 랭귀지)이라는 컴퓨터 랭귀지를 개발하는 뜻을 세웠습니다.

만 65세가 되는 금년부터는 하나둘 동참자를 만나기 시작했습니다. 이젠 리더십이 생긴 게지요. 겨우 철이 들기 시작했나 봅니다.

중국의 한 노철학자는 이런 말을 했다지요. "천 리 길도 한 걸음부터."

지금부터는 저도 천천히 걸음을 한번 옮겨가 보렵니다. 과연 어디만치 갈 수 있을는지 한번 보죠.

언어를 가진 자 세상을 경영하리

이 프로젝트가 성공하게 되면, 우린 또 다른 우리의 말과 문자로 소통해내게 될 것입니다. 그렇게 되면 어떤 일이 벌어질까요?

이천이백 년 전에 중국을 통일한 진시황은 북쪽 오랑캐의 침략에 시달리다 결국엔 만리장성을 쌓았습니다. 그 이후 세상은 남과 북의 끊임없는 전쟁으로 점철되었습니다.

처음 천 년은 상형문자를 가진 남방민족의 승리였습니다. 그러다 이어진 천 년은 나름 문자를 갖게 된 고구려, 거란, 여진, 몽고로 이어지는 북의 승리였습니다.

최근에 와서야 한 이백 년, 남이 다시금 전면에 등장하는 모습을 보입니다. 하나, 이것이 그리 오래가진 못할 거라는 걸 전 느낍니다.

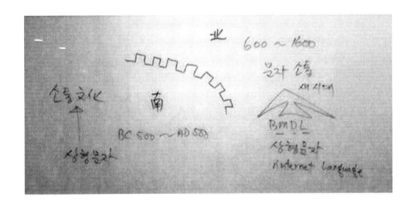

다시 남과 북은 세상의 자웅을 겨루는 날이 오게 될 거라 제겐 사료됩니다. 그때엔 다시 상형문자와 컴퓨터 랭귀지로 무장한 북방민족의 부흥을 우리 보게 되지 않을까요?

II

개념훈련 그룹

www.ManagementByConcept.com

최고의 실적 만들기

시트 12, 15 [글로벌 전략과 전술 점검]

이즈음 해서 우리의 글로벌 전략과 전술을 한번 짚어보는 것이 좋겠죠?

먼저 가치창출을 위한 공급자 체계입니다.

Why? 왜 글로벌을 처음부터 지향해야 한다는 걸까요? 요즘은 그게 처음 시작에서부터 필수 전략이 되어줘야 괜스레 쓸데없이 땀만 흘리고 별 성과를 거두지 못하는 사태를 예방할 수 있기 때문이 아닐까요?

How? 일단은 제가 기회를 엿볼 수 있는 곳이 미국과 중국입니다. 미국은 교두보로 삼을 수 있는 곳(위워크 같은 곳에 숍인숍)을 거쳐서 진출한다고 보고 있고, 중국은 직접 지인을 찾아내서 다리를 놓게 해(가맹점주 리더십) 숍인숍으로 진출할 기회를 노리고자 합니다. 중칭(이○○), 베이징(박○○), 상하이(○○ Lee), 복건성(최○○), 선전(정○○)을 대상으로 한번 두드려 보고자 합니다.

많이 저지르고, 알면 뭐합니까? 꿰어 내야 그게 보배죠.

다음, 마중물 전술입니다.

품질단서 quality clue? 일단은 지금껏 나온 산출물인 교육 콘텐츠와 적용 사례들에다 살아있는 뚜렷한 실적을 하나 더 해야 이해 당사자들을 설득할 수 있을 걸로 보입니다.

1:1 면담서비스-기업내방 비즈니스모델 개발 1건 추가를 계획했고, 거기서 나온 산출물이 코딩서비스입니다.

우린 여전히 헝그리 합니다.

색조화장? 그나마 교육 콘텐츠 동영상을 제작하고 있다는 것이 그래도 위안이 됩니다. 남다른 차별성을 확연히 드러낼 수 있어야 할 것입니다.

유인책? 브랜드 멘토링TV 김용찬의 아이부스, 이벤트 아이부스 아카데미는 정말 편안하게 고객들을 끌어들일 수 있어 보입니다.

두 가지 시트로 동시에 겹쳐서 들여다보니, 저희 처지가 좀은 더 확연히 드러나는 모습이지 않나요?

약간 응용해보았습니다.

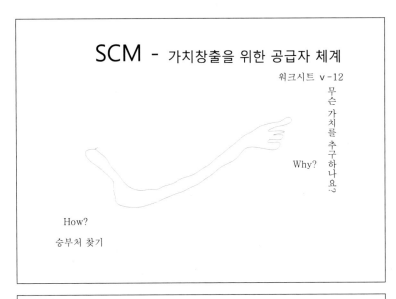

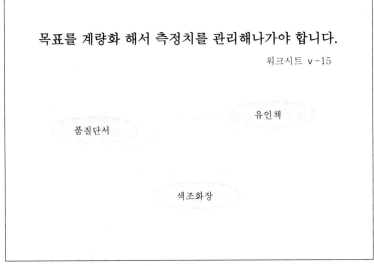

시트 16, 18 [기업내부 인사고가의 하나로 이 개념훈련이 들어가야 합니다]

기업의 대내외 품질단서(quality clue)로 이 개념훈련 역량이 요구되는 기업문화를 꿈꾸고 있습니다. 그러려면, 우린 어떤 식으로든 인사고과 평가척도로 이 개념훈련의 숙지 및 활용 여부를 점검해 낼 수 있어야겠습니다.

기업 내부에서 아이부스 아카데미를 개최해 집단지성을 구해보면 그 참여도와 기여도에서 측정은 충분히 가능할 것입니다. 그리고 작성한 CSR 고객서비스요구서를 들여다보면 그 점수가 또한 드러납니다. 바야흐로 우리가 개념훈련의 객체(object)로 구현해낸 워크시트 0-18쪽, 아이부스 아카데미, Customer Service Request가 기업 내부의 품질관리를 해내게 될 것이며, 인사고과의 중요한 한 바로미터가 되는 것입니다.

그럼, 왜 이들에게 이 개념훈련이 리더십을 갖는다는 걸까요?

1. 일단 평소에 아이부스 아카데미에 출석해 보니 내가 하고 있는 일에서 개념이 제대로 잡혀 들어온다.
2. 이 방식으로 소통해보니 여태 해오던 방식과는 비교가 안 되게 요구사항 수렴이 명확하게 그려져 나온다.
3. 내가 기술뿐만이 아닌 이 소통 전문가가 될 수 있겠다는 생각이 들고 그게 나로 하여금 내 직업에 자부심을 더 갖게 해준다.
4. 그리고 솔직히 우린 CSR 후단인 모듈개발 기획 및 관리에서도 동일하게 이 개념훈련을 응용할 수 있다는 걸 알게 해준다.

이 점검 요소는 파트너나 고객과 이해당사자가 기업 품질(quality)

에 기여한 여부를 가려내는 데에서도 동일하게 적용될 수 있을 것입니다.

위대한 기업은 위대한 품질관리에서 비롯합니다.

아마도 우린 관리의 최고봉이라는 삼성 그룹에 필적할 수 있는 운영효율형(Operational Effectiveness)에서 승부하는 여태는 금시초문이었던 유형의 한 비즈니스모델을 귀사에서 구현해낼 수 있을 것입니다.

Leadership, 지배구조 개선책

워크시트 v -16

_____ 기업들의 리더십 원천은?

기업형태
(_____산업)

주식회사
유한회사
합자회사
개인회사

프랜차이즈
협동조합

객체지향 시스템 모델링

워크시트 v -18

어떤 이의 작업과도 잘 어울릴 수 있게금 시스템을 구현

시트 13, 16 [원칙에 의한 경영 vs 규칙에 의한 경영]

우리 동양엔 이(理)와 기(氣)라는 놀라운 발견이 있는데, 서양에서 말하는 주제의 이슈와 아주 유사하다는 것이 필자의 견해다.

쉽게 말해 전자는 되면 한다는 개념이고, 후자는 하면 된다는 개념이다.

이 둘이 교묘하게 서로 간에 상충하지 않게 금 관리해나가는 것이 경영이다.

어떨 땐 이를 앞세우고, 어떨 땐 기를 앞세운다.

이런 내용은 아무도 가르쳐주지 않는다. 스스로 깨우침으로 얻어내야 하는 성질의 것이다. 그때는 경영자 고유의 판단에 따를 일이다.

힘의 삼원칙

워크시트 v-13

기록을 남기는 것이 중요.

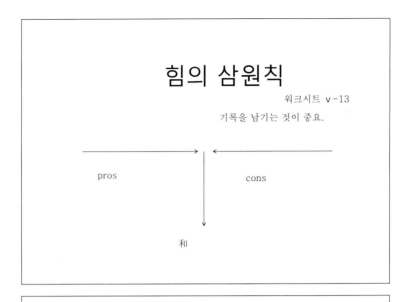

pros

cons

和

Leadership, 지배구조 개선책

워크시트 v-16

_____ 기업들의 리더십 원천은?

기업형태
(_____산업)

주식회사
유한회사   프랜차이즈
합자회사   협동조합
개인회사

시트 4, 14, 15 [누가 어떤 경로로 고객이 된다는 걸까요]

우리의 고객은 창업 관련한 이들이다. 이네들이 자신의 고민거리를 어디서 답을 찾을 수 있을까 고민하다 어디선가 유입되어 들어오는 이들이다. 그렇담, 과연 어떤 경로로 이네들이 이끌려서 종래엔 아이부스 아카데미에까지 오게 될 수 있다는 걸까?

우리의 고객/이해당사자는 창업하는 이들이다. 그네들의 생업공간은 비즈니스센터나 창업지원센터 등일 테다. 악착같이 살아남기 위해 안간힘을 다 쓰고 있는 상황이고, 그게 우리의 노력의 장이 되는 거다.

1. 우린 어떻게 해야 할까? 우선은 절박한 이네들의 심정을 공감해낼 수 있어야 하지 않을까? 그러려면, 그네들이 관심 있어 할 만한 기삿거리들을 자주 올려서 주의를 끌 필요가 있다! 주로 아이부스 페이지와 내 타임라인이 좋겠다. 또 하나 더 유용하게 쓰일 걸로 예상되는 게 아이부스 아카데미 이벤트다. 거기엔 개최 후에 동영상이 오르니, 쉽게 소비자랑 만날 수 있을 것이다. 이게 첫 번째 만남이다. 우리의 상황을 일단은 만 명에서부터 시작해본다. 이때 브랜드 "컨셉팅하라 그리고 코딩하라"가 노출되어야 한다. 유인책.

2. 이렇게 해서 인도되어온 이네들과 두 번째로 만나는 채널이 유튜브로 보인다. 한 천 명은 오지 않을까? 거기서 강좌를 보다 아하, 이렇게 하면 될 수도 있겠는데 하는 느낌이 와닿아야 한다. 자막 처리 등 우리 '컨셉팅하라' 내용이 그렇게 각색되어줘야 할 것이다. 색조화장.

3. 거기서 좀 더 나아가고자 하는 욕구가 생겨날 것이고, 그랬을 땐 우리의 품질단서(quality clue)가 중요해진다. 그 역할이 『콘셉트

경영』 책자와 개념훈련 그룹이다. 이게 처음엔 개념훈련 채널부터 들어오게 될 공산이 커 보인다. 왜냐면, 개념훈련에선 구체적인 사례들이 일곱 개나 나열되어 있으니까, 눈에 보이고 손에 잡히기 때문이다. 아하! 이런 경우엔 요렇게 풀었구나 한다. 천 명 중에서 열 명 정도가 여기까지 따라올까?

그러다 좀 더 하! 이거 신기한데 하는 느낌이 들면 그제서야 콘셉트 경영이란 게 그럼 뭐지 하고 다음 순서로 책을 찾게 될 거라 사료된다. 여기까진 다섯 명 정도 남을 거 같다. 품질단서.

4. 이렇게 되면, 맨 나중에 찾게 되는 곳이 IT 융합 코딩스쿨이요, 페이스북 그룹 원펀치와 객체구현이 될 걸로 여겨진다. 여기까지 오게 되면, 그 고객은 확실하게 우리 코딩스쿨 회원이 될 수 있을 것 같다. 최종까지 이르는 이는 만 명에 한 명 정도 될 듯. 고객유치.

이렇듯 비즈니스모델의 동선을 하나로 꿰어서 보게 되면 승부처가 일목요연하게 드러납니다. 귀하께서도 동의하시나요?

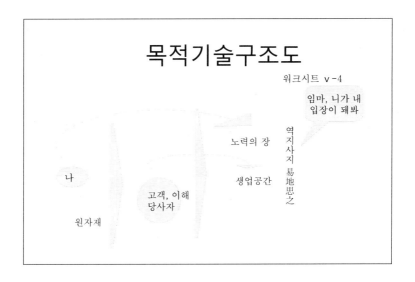

CRM - 일관성있는 고객관계관리

워크시트 v-14

니는 내게 뭘 주는데?   What?

목표를 계량화 해서 측정치를 관리해나가야 합니다.

워크시트 v-15

유인책

품질단서

색조화장

시트 4, 12, 18 [직관 사고체계에 개념이 바로 서게 해주는 게 개념훈련]

AXN 채널에서 굿 닥터2를 한미동시 방영 중입니다.

서번트증후군과 자폐증 환자인 손이란 외과의사의 얘기입니다.

이걸 보면서 여러분은 어떤 소감을 느꼈었나요?

뭔가 일반인과는 다르게 사고체계가 가동되는 것이 신기하지 않으셨나요?

이게 보통 사람은 불가능할까요? 어쩜 특별한 훈련을 겪게 된다면, 일반인도 그렇게 변할 수 있는 건 아닐까요?

전 오랫동안 개념훈련을 해내면서는 칸트가 얘기한 직관이 일어나는 우리의 이성이 작동하는 사고체계에 개념이 바로 서게 하는 노하우를 익혀왔답니다. 상형문자와 같은 작동원리의 워크시트 몇 쪽으로 가능하다는 걸 입증해냈습니다.

직관은 우리의 이성에서 비롯하여 나오는 것으로 선험적으로 이미 알고 있는 판단입니다. 그리고 개념은 우리의 그 이성이 활동하는 범주체계를 미리 앞서서 정리해주는 역할입니다. 거기에 우리 조상의 유전자를 포함한 자신의 경험이 더해져서 우린 인식을 해냅니다. 그러니 필자는 이 이성과 경험이 균형을 이루어 제대로 된 인식이 일어나게 해주는 지점을 일컬어 개념이 명확히 섰을 때라고 정의 내리고선, 그때 가서야 비로소 세상에 통찰, 통섭이 열린다는 이치를 경영에다 접목시켜 콘셉트 경영이라 일컫고 있답니다.

제가 얼마나 훈련해서 그리되었다고요? 삼십 년이 걸렸습니다!

그리곤 또 지금은 이걸 한 사람이 아닌 여럿이서 같이 공감하면서는 훈련해낼 수 있다는 걸 입증해오고 있답니다.

그럼 우리 인류는 개미와 같은 집단지성을 발휘할 수가 있을 것입니다. 그런 목적으로 설계한 것이 원펀치요, 아이부스 아카데미입니다.

어때요, 흥미로운 연구과제의 설정이지 않나요?

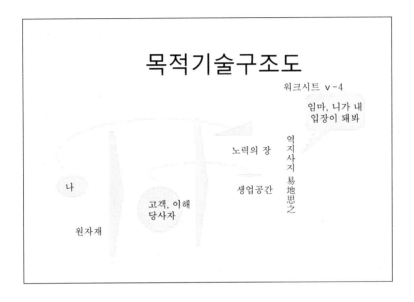

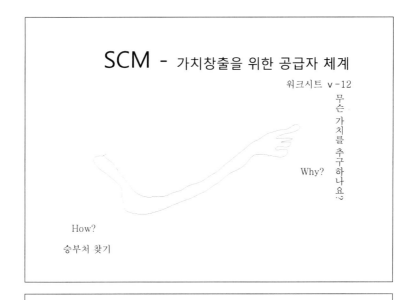

SCM - 가치창출을 위한 공급자 체계

워크시트 v-12

무슨 가치를 추구하나요?

Why?

How?

승부처 찾기

객체지향 시스템 모델링

워크시트 v-18

어떤 이의 작업과도 잘 어울릴 수 있게끔 시스템을 구현

시트4 [AI가 바꾸어가는 세상에서 인류를 구원해줄 유일한 대안]

흔히들 사람을 생각하는 동물이라 하여 다른 동물과 확연한 차별성을 갖고 있다 합니다. 근데 이 생각하는 능력의 범주를 구분지어 좀 나눠 본다면, 아마도 다음과 같이 나눌 수 있을 겁니다.

1. 스스로 혼자서 생각한다.

2. 타인과 둘이서 공감하며 생각한다.

3. 다수와 함께 공감하며 생각한다.

시트에서 보면, 좌에서 우로 나아가는 모습이며, subject에서 object로 시야가 바뀝니다. 그리고 우린 이 범주 2, 3은 생각 + 소통이라 하여, 서로의 생각을 나눈다는 표현을 씁니다. 그걸 효과적으로 잘 수행하는 사람을 일컬어 지혜롭다 합니다. 맞나요?

여기서 전 개미를 한번 생각해보자는 겁니다.

이네들은 생각하는 동물은 아닌 걸로 우린 알고 있지만, 기실은 이네들도 우리 인간 못지않은 지혜를 갖고 있답니다. 개미집을 짓는 거라든지, 공동체 생활을 일구어내는 소통역량에선 정말 우리 인간 못지않게 지혜롭습니다.

반면에, 우리 인간은 1. 범주에선 이네들 개미에 비할 바가 아닌 탁월한 능력을 갖고 있긴 하지만, 2, 3의 범주에선 개미보다 지혜롭다고 생각되지 않는다는 사실을 우린 살아가면서는 많이들 경험합니다. 우리가 이룬 공동체는 개미들처럼 썩 잘 워킹하질 못하는 경우가 다반사입니다.

이건 왠 일일까요?

1. 2. 3. 이 모두가 학습훈련을 필요로 하는 유전자 성질의 것인

데에 반해서, 우린 평소에 이 훈련을 너무 등한시 해와서 생기는 현상으로 필자는 보고 있습니다.

이 유전자를 바꾸어내면 우리 고등 동물인 인간도 개미와 같이 지혜롭게 집단지성을 가꾸고 이루어낼 수 있고, 그로 인해 이 사회를 보다 가치 있는 세상으로 만들어낼 수 있다는 주장을 전 펼쳐오고 있습니다.

그 교육훈련의 이름은 그럼? 칸트가 얘기하는 우리의 이성이 직관을 찾아낼 때에 작동하는 사고체계의 범주인 개념을 바로 세우는 훈련을 통해서 가능하다는 의미에서 개념훈련이라고 브랜딩을 했답니다.

그렇게 되면, 이제 저희는 더 이상 '개념이 없어 배가 산으로 올라가는' 직관이 아닌, 우리의 공동체도 생각하는 제대로 된 직관력을 갖춘 인류의 탄생을 보게 될 것입니다.

그리고 이 길만이 요즘 화두인 4차산업에서 얘기하는 AI가 바꾸어가는 세상에서 우리 인류가 찾아낼 수 있는 유일한 대안일 거라는 게 제 생각입니다.

목적기술구조도

워크시트 v-4

임마, 니가 내
입장이 돼봐

노력의 장

역지사지 易地思之

생업공간

나

고객, 이해
당사자

원자재

시트 13, 4, 12 [이때가 힘의 삼 원칙을 실습할 때]

　카톡방에서 제가 발제 했습니다. 우리 이제 웬만큼 가독성이 잡혔으니, 지금의 원펀치, 객체구현 비공개 그룹을 공개형으로 바꾸어 보는 게 어떻겠냐는 제안이었지요.

　거기에 ○○○ 님, 김주성 님께서 의견을 주셨답니다. 하지만, 이런 사안은 들여다볼 요소가 숱합니다. 단편적으로만 얘길 나눌 수밖에 없는 카톡방에선 도무지 종합적인 판단을 해내기가 어렵기만 합니다.

　이럴 때에 이 힘의 삼 원칙이 위력을 발휘하지요. 어디 한번 볼까요?

pros

　○○○ 님께서 어차피 맞을 뭇매인데, 일찍 맞아가면서 우리 조약돌이 됩시다. 하나를 먼저 선택해서 일단 시도해보는 게 좋지 않을까 하십니다.

cons

　김주성 님께서 지금은 좀 시기상조 같아 보입니다. 좀 더 기다려보고 때를 노리자 하십니다.

　제 생각입니다. 글쎄요, 나중에 가서는 이들 그룹이 우리의 콘텐츠를 유료화시켜 낼 유일한 창구로 보입니다만, 이렇게 선뜻 공개로 가져갔다간 그 우리의 목적을 영원히 이루지 못하는 실책을 범하는 건 아닐까요?

和

　이런 절충안은 있겠지요. 지금의 비공개를 그대로 두고선 회원 초대 숫자를 좀 더 자주 늘려가도록 하는 거지요.

어때요, 카톡방보다는 훨씬 창의적으로 우리의 소통이 바뀌지 않았나요? 1차원 소통에서 3차원 소통으로 바뀐 게지요!! 그게 콘셉트 경영이 가져다주는 혜택(benefit)이랍니다!

또 의견 더 주시겠어요?

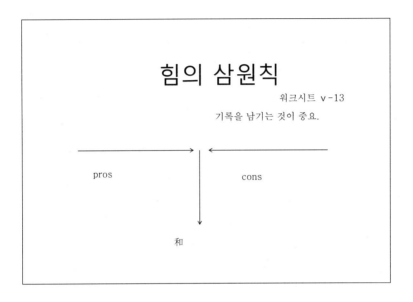

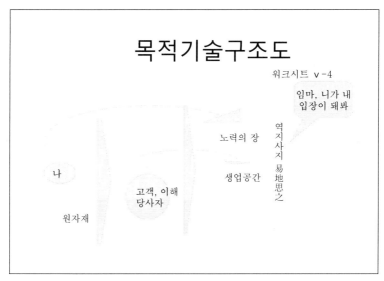

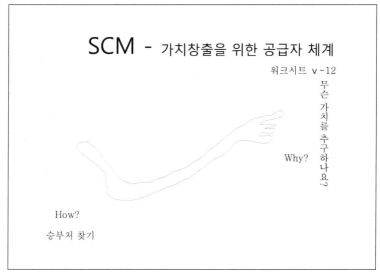

시트18 [최고의 객체지향 프로그래밍 응용 앱]

지금까지 나온 응용 앱 중에서 객체지향 프로그래밍의 철학을 가장 잘 반영한 것이 페이스북이라는 게 필자의 생각입니다.

객체지향 프로그래밍이라 하면, 필수로 다음 세 가지 속성을 갖고 있어야 한다고 합니다. - 추상(abstract), 상속성(inheritance), 다형성(polymorphism).

페북 페이지가 이 추상(抽象) 속성을 잘 반영하고 있습니다.

우린 어디서든 이 커뮤니티 이름을 대면, 그 커뮤니티를 대표하는 객체로 나타나서 주체와 다름없이 행동할 수 있게 해줍니다. 완전 새로운 생명체입니다.

페북 그룹은 상속(相續) 속성을 잘 반영해내게 해줍니다.

소셜학습 기능이 최근에 추가되어, 우린 그룹에서 얼마든지 유사한 패턴의 클론을 유닛으로 만들어낼 수 있게 해주고 있습니다. 반복하는 학습효과를 보고자 하는 교육 훈련인 경우엔 딱입니다. 이는 실로 놀라운 발견이요, 응용입니다. 덕분에 저희 콘셉트 경영은 한껏 나래를 펼 수 있는 동력을 얻게 되었지요.

여기선 다형(多形) 속성이 중요해집니다.

객체로 구현해낸 만큼 실제론 어떤 민감한 사안에선 그 주체를 가려내야 할 사안들이 빈번히 발생합니다. 그걸 가려낼 수 있게 해주는 기능이 곧 다형성이고, 그건 페북에서 객체와 주체 중 선택해서 글을 올릴 수 있게 해주는 기능이 제공됨으로써 해결을 보고 있습니다. 객체 안에 있는 주체가 누구였나 는 것을 가리는 데에 탁월한 기능을 제공합니다.

한마디로, 페이스북은 정말 대단히 뛰어난 객체지향 솔루션입니다.

　중요한 것은 이 속성들을 제대로 알지 못하면, 충분히 이 응용 앱을 활용해내지 못한다는 데에 있다 할 것입니다. 다들, 겉치레만 번듯한 흉내만 내는 페이지, 그룹들이 얼마나 많은지는 한번 둘러보시면 쉽게 아실 거예요.

객체지향 시스템 모델링

워크시트 v-18

어떤 이의 작업과도 잘 어울릴 수 있게금 시스템을 구현

시트12 [원펀치와 아이부스 아카데미 이 두 교육훈련으로 천하를 한번 도모해보겠습니다]

년 초에 제가 원펀치 출판사라는 비즈니스모델을 하나 만들어내는 과정을 담아서 『콘셉트 경영』(저자 김용찬, 2018년 원펀치 출판사)이란 책자를 하나 발간했습니다. 거기서 응용1, 2로 다시 탄생한 것이 원펀치 강좌, 아이부스 아카데미입니다.

원펀치 강좌는 일반 비즈니스모델을 만들어내는 교육프로그램입니다.

반면에 아이부스 아카데미는 수익사업 비즈니스모델을 만들어내는 스마트부스입니다. 좀 더 객체화시켜냈죠.

원펀치 강좌는 매주 명동 안디옥교회 주일예배 후에 삼사십 분간 교육 훈련을 갖고 있습니다. 콘셉트 경영을 위한 기초체력을 연마하는 목적입니다.

아이부스 아카데미는 매월 한 차례 세 번째 화요일이나 목요일에 토즈 교대점에서 두 시간 학습훈련을 갖고 있습니다. 비즈니스에 응용력을 길러내어 드리는 목적입니다.

둘 다 살아있는 따끈한 사례로 실습하며 배웁니다.

마케팅 용어로 MOT(Moment Of Truth), 진실의 순간이라는 말이 있습니다. 상품, 서비스가 고객과 만나는 접점을 말합니다. 이 처음 만나는 짧은 몇 초, 몇 분에 이미 그 사업의 승패는 판가름 난다는 얘기입니다.

저희로 말하자면, 이 원펀치 강좌와 아이부스 아카데미가 유일하게 고객이 우리의 상품/서비스를 직접 만날 수 있는 곳입니다. 그리고 한번 와보시면 '강좌/아카데미 시작 단 몇 초/분 만에 아하!

여기선 얻어갈 게 있다/없다가 판가름 난다는 게 아니겠어요?

그렇다면, 이 강좌와 아카데미에서 절대로 빠져서는 안 되는 그 무엇이 하난 있어야겠다는 것이 제 판단입니다. 그게 뭘까요?

바로 헝그리 입니다. 간절한 그 무엇을 오시는 분들이 갖고 오지 않으심, 이 모든 수고가 다 허사가 되고 말 것입니다.

그래서 저흰 광야에서 천막을 치며 예배드리는 교회에서 원펀치 강좌를 열 수 있었고, 그 수많은 아카데미 가운데에서 그래도 기를 쓰고 무언가를 얻겠다고 입장료 1만 원을 들고선 야밤에 일을 끝내고서 달려오는 이들로 아이부스 아카데미를 개최할 수 있었던 겁니다. 이런 데에선 반드시 역사가 일어나고야 말지 않을까요?

그게 세상 이치니까요.

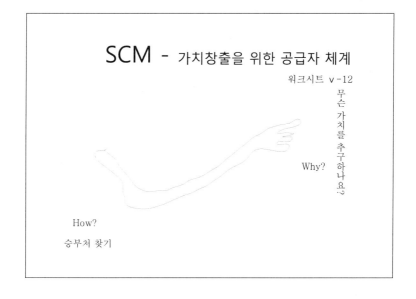

SCM - 가치창출을 위한 공급자 체계

워크시트 v-12

무슨 가치를 추구하나요?

Why?

How?

승부처 찾기

시트16 [사람 간에 갈등은 직제개편으로 치유]

실제로 사업을 하다 보면, 사람에게서 갖는 스트레스가 엄청납니다. 그 이유는?

다들 주체(subject)로 살아오다 보니, 객체(object)의 입장에 서서 상대랑 같이 안테나를 맞추는 일에 서툴기만 해서 일 겁니다. 이럴 땐 그저 일에 욕심을 내지 말고, 서로 간에 상의해 업무 한계선을 잘 긋고 나아가면 어느 정도는 해결을 보게 됩니다. 한 지혜지요.

대개는 서로가 잘하고, 좋아하는 일로 역할을 나누고, 그 안에선 개인의 자유를 한껏 보장해주어 얼마든지 창의가 발휘될 수 있게 해주는 것이 좋겠습니다.

그리고 무엇보다 거리낌 없이 자유롭게 서로의 의견을 묻고 주고받을 수 있게 하는 개방된 분위기 조성이 중요해 보입니다. 그리하여 개인이 갖고 있는 역량을 한껏 발휘할 수 있게 해주는 것이 4차 산업을 맞이하는 이즈음엔 어느 조직이나 할 것 없이 리더십의 핵심 같아 보입니다.

이런 얘기가 있지요. '머리와 가슴이 싸울 때엔 그저 머리를 따르세요!' 한 며칠 지나고 나면 가슴이 따라오게 되어 있습니다.

우린 자기 자신을 이기는 사람을 최강자라 합니다. 그건 누구든 돌아보면, 자기가 아는 것과 행하는 것에서 차이가 있는 것을 보기 때문이지요. 그리고 그 핵심엔 두려움이 자리하고 있습니다. 동양에선 아는 것에서 그치지 않고, 늘 행동이 따르는 사람을 일컬어 지혜롭다 합니다. 담대하게 나아가야 하는 거지요.

이는 기업 경영에서도 마찬가지 일 겁니다.

Leadership, 지배구조 개선책

위크시트 v-16

_____ 기업들의 리더십 원천은?

기업형태
(_____산업)

주식회사
유한회사
합자회사
개인회사

프랜차이즈
협동조합

시트13 [힘의 삼 원칙 실습 - 스타강사 이슈]

어젯밤부터 시작된 ○○이와의 소통 갈등에서 이제야 가닥이 좀 잡히질 않았을까? ○○이는 내가 스타 강사가 되길 원하고 있고, 난 그걸 거부하고 우리의 핵심역량(창의와 집단지성)에 보다 집중하자고 주장하고 있다. 이 상황에서 이걸 풀어낼 길은? 간단하지, 시트13 힘의 삼 원칙을 실습해내면 되지요.

서로의 의견이 상충할 때엔?

그 원인을 잘 찾아내야 합니다. 원인이 나오고 나면, 그 해법은 쉽게 도출이 되어 나오게 마련이지요.

pros

스타 강사는 다듬어져야 탄생 가능해집니다. 멘토링 TV 김용찬의 아이부스는 스타 강사 김용찬이 탄생하지 않으면 성공하기 어렵지요. 그렇다면, 김용찬은 스타 강사로 다듬어져야겠습니다. 그러기 위해선 지금까지의 비속어가 자주 튀어나오는 습관을 바꿔내야 합니다.

cons

문제는 우리의 핵심역량인 창의(creative)는 자유분방할 때에 나온다는 성질이 있습니다. 그게 조직 문화로 깔려줘야 집단지성이 가동되는 거고요. 우리가 남다른 멘토링을 한다고 품질(quality)을 자랑하는 근본 동력입니다.

남들을 보면, 대개는 스타 강사의 길을 걷는 데에서 그치는 데에 비해 저흰 아주 독특한 콘텐츠를 일구어냈습니다. 근데 그 근본이 되는 창의가 저해된다면, 우리도 남들 스타 강사들이 일구어낸 콘텐츠랑 다를 바가 없는 평범한 내용이 되고야 말 것입니다. 소위 말해 별 볼일이 없는 콘텐츠가 되고 마는 거지요. 그건 곧 실패입니다.

和

두 마리 토끼 가운데에서 우린 화의 해법을 찾을 수 있을 거 같습니다. 다만 지금의 우린 그 많은 멘토 가운데에서 우리의 정체성을 찾는 일이 급하고 중요합니다. 아생연후에 살타입니다!

창의성을 헤치지 않는 한도에서 우리가 스타 강사와 같이 닮아가는 가능성은 여전히 열려있지 않을까요? 하루아침에 사람의 습관이 바뀌진 않습니다. 그걸 굳이 인위적으로 몰아가지 않더라도, 천천히 아마도 자연스럽게 앞으론 우리의 강사들이 그렇게 진화해 가질 않을까요?

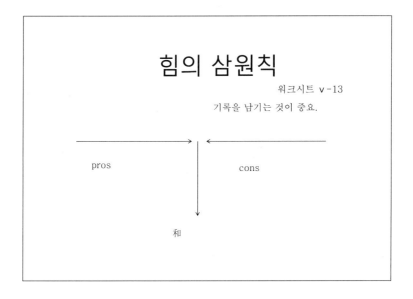

시트14 [원펀치 강좌 vs 아이부스 아카데미 총정리]

원펀치 강좌로 간절한 이들에게 먹고살 수 있는 길을 열어드릴 수 있게 되었습니다.

아이부스 아카데미로 창업하는 이들에게 적합한 멘토링 서비스를 해드릴 수 있게 되었습니다.

저희 콘텐츠의 핵심역량은 창의와 집단지성으로 밝혀졌습니다.

매주 주일날 예배 후에 삼사십 분씩, 그리고 매달 3회 밤에 두 시간씩 오프라인 강좌를 갖고 있습니다.

보여줄 수 있는 콘텐츠는 이제 다 나왔습니다. 영업할만한 곳이 나오면, 들고 들어가는 겁니다. 어디든 가방 하나 달랑 들고선, 보따리 장사부터 시작합니다. 이 수익금 수령을 위해 언제든 제 통장을 하나 갖고 다닙니다.

멘토링TV 김용찬의 아이부스 동영상 촬영 및 편집은 ○ 이사, 김 이사 팀에게 맡겼습니다. 유튜브에 애드센스로 올리는 작업, 수익금 수령(통장 하나 별도로 만들어 드렸음) 또한 그네들에게 맡깁니다. 난 관여하지 않습니다. 각자는 자기 맡은 일에 충실할 뿐입니다.

○ 이사에겐 약속한 대로 ○에어 출범을 할 수 있게 도와드립니다.

김 이사에겐 약속한 대로 개념훈련 + 코딩서비스 사이트 개설을 돕고, 사업이 이륙할 수 있게 해드립니다.

원펀치 강좌에선 천천히 시트0-18쪽을 가르쳐 드립니다. 아이부스 아카데미에선 갖고 온 아이템에 맞추어서 특정 시트를 선정해 집단지성으로 점검해드립니다.

원펀치 강좌는 패키지서비스, 아이부스 아카데미는 낱개서비스라 부릅니다.

CRM - 일관성있는 고객관계관리

워크시트 v-14

니는 내게 뭘 주는데?   What?

시트 13, 6, 12 [원펀치 강좌 vs 아이부스 아카데미 - revisited]

 창업을 하다 보면, 같이 하시는 분들과 의사소통 해내는 것이 얼마나 중요한지를 새삼 깨우치게 됩니다. 이게 제일 기본입니다. 여기서 원만한 해결을 보기 전에는 사업을 한 발짝도 앞으로 내디뎌선 안 됩니다. 나중에 가서 크게 후회하는 일이 생기게 마련입니다. 제일 중점으로 다스려야 할 사안이지요.

 이 주제로는 몇 차례 글을 올린 걸로 아는데, 아직도 같이하시는 분이 이해를 못 하시는 것 같습니다. 오늘도 이견을 보이시는데, 또 한 차례 더 힘의 삼 원칙 실습을 해보겠습니다.

 원펀치와 아이부스는 타깃하는 고객이 서로 다른 개념입니다.

 pros

 원펀치는 disabled나 hungry한 이들을 위해 원펀치를 길러 드리려고 기획된 강좌입니다. 반면에 아이부스 아카데미는 콘텐츠나 기술 창업을 하고 계시거나 혹, 고려하고 계신 분들께 전문적으로 멘토링 해드리는 내용입니다.

 cons

 둘 다 같은 개념훈련에서 비롯한 카테고리와 속성편익이 동일한 콘텐츠인데, 이걸 퉁 쳐서 같이 관리해내는 것이 중요해 보인다고 하십니다. 하지만 더 이상은 말씀이 없으시니, 그 추리(reasoning)가 어떻게 나오게 됐는지를 전 아직은 모르고 있습니다.

 和

 저로선 성질이 다른 이 둘을 같이 관리해내는 걸 찬성하지 않습니다. 원펀치는 교회 같은 특정한 곳에서 지금은 강좌가 개설되고 있습니다. 그러다 보니, 거기 환경에 적합하게 진화해나가고 있는 것이 눈에 뚜렷이 보입니다. 그리고 머지않아 개념훈련 - 코딩서비스로 까지 쉬이 진화해나갈 걸로 사료됩니다.

반면에, 아이부스 아카데미는 아직은 자리를 잡지 못해서 방황하고 있는 모습입니다. 실제로 창업하는 이들이 오셔서 자신의 아이템을 소개하고, 무언가 도움을 요청해오는 상황이 되기엔 아직은 일천해 보입니다.

또 전자는 비영리 비즈니스모델을 포함하는 개념이며, 후자는 영리 비즈니스모델을 타깃으로 하고 있으니 이 또한 서로 같이 섞이기엔 무리가 있을 거라는 판단입니다. 추구하는 가치가 서로 다릅니다! 전자는 사회가치 증진이고, 후자는 수익증대입니다. 그래서 제가 애초부터 전자는 가치소통 페이지에서, 후자는 아이부스 페이지에서 관리하기로 교통정리를 했습니다.

결론입니다. 이 둘은 각기 따로 가는 게 맞아 보입니다. 그 누구도 콘텐츠 개발 관련하여 합당한 추리(reasoning)도 없이 제 자유의사를 구속하려 드신다면, 전 그걸 용납할 수 없습니다. 제 콘텐츠의 근본 동력은 창의와 집단지성에서 나오니까요 그게 없으면, 결국엔 저흰 앙꼬 없는 찐빵이 되고 말 것입니다.

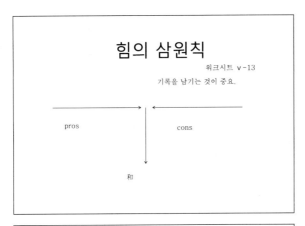

힘의 삼원칙

워크시트 v-13

기록을 남기는 것이 중요.

pros

cons

和

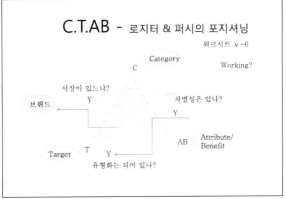

C.T.AB - 로지터 & 퍼시의 포지셔닝

워크시트 v-6

Category

C

Working?

시장이 있느냐?

브랜드

Y

차별성이 있나?

Y

AB

Attribute/
Benefit

Target

T Y

유형화는 되어 있나?

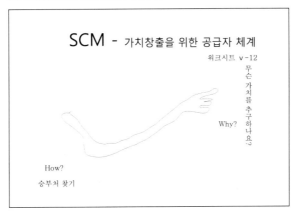

SCM - 가치창출을 위한 공급자 체계

워크시트 v-12

무슨 가치를 추구하나요?

Why?

How?

승부처 찾기

시트 12, 14, 15, 16 [지금까지의 진도를 점검]

콘셉트 경영이 지금은 여러 분야에서 적용사례를 만들어내고 있다. 원펀치 강좌로, 아이부스 아카데미로, 그리고 대학 LINC+ 산학협력 고도화형 사업에 멘토와 교육 프로그램으로 시장진입을 위해 백방으로 노력하고 있다. 유튜브 동영상 촬영 및 편집 팀도 가동되어 얼마라도 고객과 이해당사자의 시선을 끌기 위해 안간힘을 쓰고 있다.

모두가 눈에 보이는 유형화(有形化)의 일환이다.

1. 원펀치 강좌가 그래도 지금으로선 제일 유망하게 진도를 내고 있어 보인다. 다행히 거리찬양단에서 오늘은 모티브를 찾은 듯 여겨진다. 4년 세월이라는 연륜이 말해준다.

   그리고 또 12년 사업경험의 연륜을 가진 김 이사님의 비즈니스 모델이 후속으로 대기 중이다. 이건 개념훈련 - 코딩서비스의 멋진 비엠을 만들어내는 작업이다. 히트작 예감.

2. 아이부스 아카데미, 이게 문제다. 아직은 고객이 들고 오는 아이템은커녕 출석 인원부터가 미달이다. 이래 갖고서야 앞날이 영 불투명하기만 해 보인다. 무언가 획기적인 조치방안이 나오지 않고서야 시간만 간다고 해서 해결을 볼 일이 아닐 걸로 보인다. 진도가 영 미달.

3. 대학 LINC+ 산학협력 고도화형 사업에 멘토와 교육 프로그램으로 진입하기 위해 몇 군데 신청을 넣고 연락 오길 기다리고 있다. 오는 주가 디데이. 숍인숍으로 들어가는 개념이다. 이제 진

도가 시작할 즈음.

4. 유튜브 동영상 촬영 및 편집 팀을 가동해 이제 지난 주말에 두 컷 올릴 분량 작업을 겨우 마쳤다. 이제 시작이니 뭐 첫술에 배부르겠어요.

5. 행사 기획력. 거리찬양단 이벤트 기획, 새 선교사업 아이템 이벤트 기획 등과 같은 행사 기획력이 요구되고 있어 보인다. 다년간의 행사 기획 경험을 가진 베테랑급이 무척이나 아쉬운 즈음이다. 그래도 윤 집사님이 한 분 계셔서 그나마 다행이다.

이렇게 해서 돌아보니, 그래도 1, 3, 5번이 결과를 제일 빨리 볼수 있을 거라는 예측이 나온다. 2, 4는 좀 더디게 움직이고 있어보여 그 결과도 역시 내년으로 넘어가는 거 아닌가 여겨진다. 안타깝다.

우리가 시장진입을 노리는 이 카테고리에선 최고가 아니면 살아남기가 힘들기만 한 것이 현실이다. 완전 프로들만이 노는 무대다. 우리 스스로가 프로가 되지 않으면, 일찌감치 보따리 싸는 게 현명해 보인다. 어중간한 중간 치에게는 한 치의 땅도 설자리가 없어보인다.

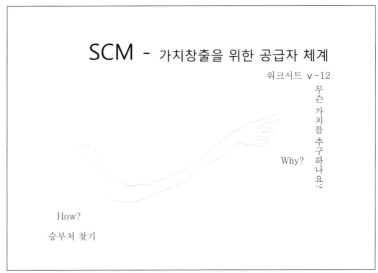

SCM - 가치창출을 위한 공급자 체계

워크시트 v-12

무슨 가치를 추구하나요?

Why?

How?

승부처 찾기

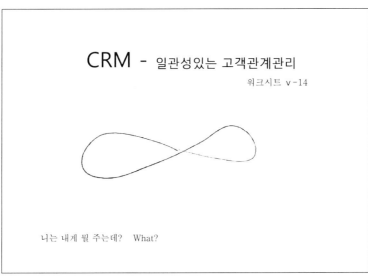

CRM - 일관성있는 고객관계관리

워크시트 v-14

니는 내게 뭘 주는데? What?

목표를 계량화 해서 측정치를 관리해나가야 합니다.

워크시트 v-15

품질단서

유인책

색조화장

Leadership, 지배구조 개선책

워크시트 v-16

_____ 기업들의 리더십 원천은?

기업형태
(_____산업)

주식회사
유한회사
합자회사
개인회사

프랜차이즈
협동조합

시트 12, 14 [대학에서 멘토링, 교육 프로그램을 운영하려면]

앞의 3. 대학 LINC+ 산학협력 고도화형 사업에 멘토와 교육 프로그램으로 들어가는 사업과 관련하여 한 곳에서 연락이 왔다. 일단은 개념 정립부터 해보는 것이 당근일 테다.

Why, 이거 무슨 가치를 창출하는 걸까? 학생들이 대상이니 아무리 창업이니 뭐니 해도 일단은 사회 초년생을 대상으로 개념을 잡아주는 역할이 큰 거 아닐까? 자신의 처지와 앞날을 바르게 정면에서 들여다볼 수 있게 해주는 편익을 줄 수 있을 것이다. 꼭 필요한 훈련이다. AI니 뭐니 해도, 그럴수록 더욱 중요해지는 것이 의사소통이요 집단지성이니까.

How, 어떻게 해서 이게 가능하다는 걸까? 우린 워크시트 19쪽의 활용법을 배워서 의사소통 해내는 방법론이다. 한쪽씩 올려놓고선 떠오르는 의견을 제시해 같이 和를 이루는 솔루션을 찾아내어 가는 방식이다. 처음엔 좀 서툴더라도 동일한 표준화된 시트를 계속 돌리니까, 점차로 익숙해져서 효율성과 효과를 함께 드높일 수 있게 될 것이다.

CRM, 원펀치와 아이부스 사이에서 이건 그럼 어디에 소속하게 될까?

글쎄요, 대학이라는 어떤 특정 고객을 대상으로 하고, 사회가치 증진이 목적이다. 불특정 다수 고객을 대상으로 하고, 수익증대가 목적인 아이부스랑은 다른 성격 같다. 원펀치 범주에 들어갈 것으로 사료됨. 하나의 강좌로 들어가는 케이스다.

그래도 만일에, 대학 본부 측에서 여타 경쟁 대학과는 차별화된 특별한 커리큘럼을 같이 한번 개발해보자고 내게 제안한다면, 그

건 수락하는 것이 맞지 않을까? 그땐 아마도 아이부스 아카데미가
이 대학 내에 숍인숍 1호점으로 들어갈 수 있을 걸로 사료된다.

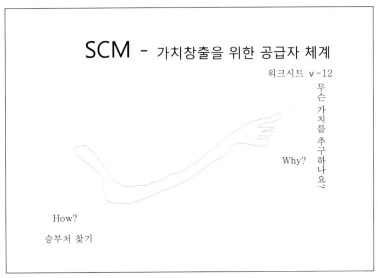

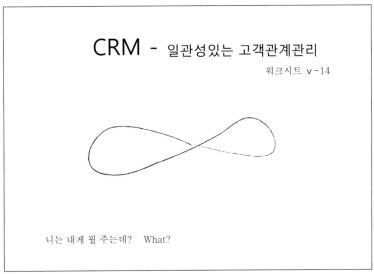

시트6 [내친 김에 C.T.AB 포지셔닝도 우리 한번 해보죠]

대학 상아탑에는 숱한 교육 프로그램들이 다 넘쳐납니다. 창의, 의사소통, 집단지성 이런 이슈들만 해도 아마도 서양에서 넘어온 것들로 가득 차 있지 않을까요? 그렇지만, 동양 거는 아마도 별로 없을 거 같네요. 기실은 우리에게 맞춤형이 나와줘야 할 텐데.

카테고리. 창의, 의사소통, 집단지성 이슈로 나온 서양 프로그램들이 우리의 경쟁이 될 수 있을 겁니다. 성균관대 같은 경우엔 이런 게 특히 넘쳐나는 걸로 보이더군요. 그러니 일단은 예스, 통과.

속성편익. 우리 거랑 그네들 서양 것들과는 어떤 차별성이 있을까요? 우리 맞춤형이 아니니까 독특한 성질 나쁜 우리 기업환경에선 전혀 맥도 못 추는 게 아닐까요? 하지만 저희 개념훈련 프로그램은 이런 열악한 상황에서도 유연하게 지혜를 찾아내어 대처하게 해줍니다. 기초체력과 응용력을 나누어서 전문으로 길러드리는 프로그램입니다. 여기서도 예스, 통과

타깃고객. 어떻게 유형화를 시켜서 다가간다고요? 결국엔 상형문자의 원리에서 비롯해 나온 우리의 워크시트 0-18쪽이 얼마나 척 보아 의미를 잘 전달해주느냐에 달렸지 않을까요? 어떤 것은 명확하게 전달하지만, 어떤 건 아직도 더 손볼 여지가 있어 보입니다. 또 더 필요한 시트들이 앞으론 더 개발되어야 할 테고요. 하지만 중요한 것은 이렇게는 아무도 시도조차도 해보지 않는 세상에서 첫 시도를 해본다는 것만으로도 저흰 그 가치를 인정받아 마땅하지 않을까요? 예스, 통과

브랜드는 헝그리한 이들의 로망인 원펀치를 길러내어 드린다는 약속의 의미가 담긴 '원펀치' 강좌와 멘토링 입니다. 좋습니다, 통과

포지셔닝 서술문입니다.

"원펀치 강좌와 멘토링은 대학 상아탑에서 개념훈련 프로그램을 열어서 창의, 의사소통, 집단지성 교육 프로그램 시장에 뛰어들어 온통 서양식 교육 프로그램들로 난무한 한국 대학교육 시장에서 우리의 열악한 환경을 극복해낼 수 있는 워크시트 0-18쪽을 올려서 유연하게 소통해내고 집단지성을 찾는 방식의 훈련을 해내어 대학에서 꼭 필요로 하는 교육으로 자리 잡기 위해 도전장을 내민다."

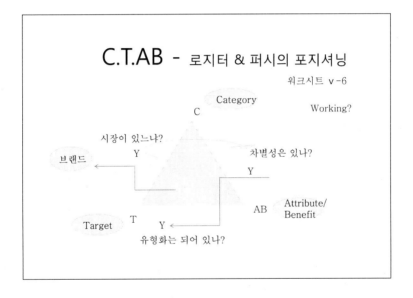

시트 15, 16, 17, 18 [전술과 객체구현은 어떻게 해낼까요]

품질단서(quality clue)로는 원펀치 강좌의 콘텐츠가 아닐까요? 그게 학생들에게 먹혀 들어야 할 거고, '그네들이 와 정말 배울 게 있다!'로 화답해야 할 겁니다. 취업 창업의 니즈가 대부분이 아닐까요? 이들 고객에게 fit 하는 게 중요할 겁니다.

색조화장으로는 아이부스 아카데미가 괜찮을 듯 여겨집니다. 대학 상아탑이니 헝그리 하다는 것도 좀은 어불성설일 테고, 플라톤 아카데미와 같은 류의 뭔가가 좀 있어 보이는 게 낫지 않을까요? 문제는 처음에 '아이부스'라는 개념을 알리는 게 원펀치에 비해 그리 호락하지가 않을 거에요.

유인책으로는 멘토링TV 김용찬의 아이부스가 동영상으로 제작되어 방영될 수 있다면, 금상첨화 일 듯. 어려운 콘텐츠가 눈에 보이고 손에 잡히는 놈으로 나타날 테니까요 그네들의 시설 및 전문인력을 활용하는 것도 한 옵션이 될 겁니다.

동기부여 책으로는 뭐가 준비되어 있나요? 학점? 또는 커뮤니티? 무엇이 되었건 간에 대학 내에서 무언가 동기부여 책을 예비하고 있는 게 있지 않을까요? 따르면 될 겁니다. 없다면, 원펀치나 아이부스 아카데미가 무슨 가치(value)를 갖게 만들어 줘야지 않을까요? 뭐, 못할 것도 없지요.

시스템 요구사항 및 객체로 구현 해내는 데엔 뭐가 있을까요? 대학 홈페이지에다 원펀치나 아이부스 커뮤니티를 하나 열어달라 해야지 않을까요? 그리고 개인적으로는 지금의 Palhana.com, ManagementByConcept.com, Donghan.com, iBooth.net을 최대한 활용해서 숍인숍 1호점을 알려나가는 거지요. 곧 2호점, 3호점이

쇄도하지 않을까요? 학생들이 들어오기 시작하면 성장 속도가 지금과는 많이 달라질 거에요.

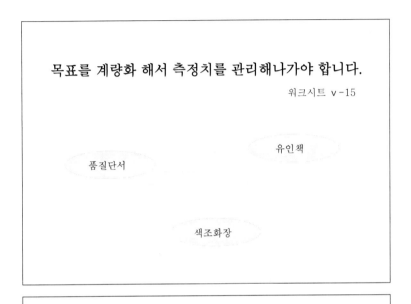

요구사항 수렴 시에 반영

워크시트 v-17

객체지향 시스템 모델링

워크시트 v-18

어떤 이의 작업과도 잘 어울릴 수 있게끔 시스템을 구현

시트 16, 12 [○ 이사님과 나누었던 마지막 의사소통]

(목) 오전 5:29

김용찬

어제 ○ 이사님의 의견을 듣고선, '멘토링TV 김용찬의 아이부스' 브랜드를 계속 살리기로 했습니다. 아이부스 아카데미TV 운운했던 해당 글 한 꼭지는 지웠습니다. 이렇게 해서 내일 대학 들어갈 채비는 얼추 다 마친 거 같습니다. 남은 건 기도뿐입니다. 오, 주여.

(금) 오전 8:27

○○○

건투를 빕니다.

김용찬

김주성

김주성

잘 될 거예요.

김용찬

(금) 오후 1:53

김용찬

할렐루야, 미팅 결과가 만족할 만하게 나왔습니다. 기도에 감사드립니다.

김주성

네, 축하 드려요.

(금) 오후 4:35

○○○

자세히 설명해주세요. 결과에 대해서.

김주성

맞아요.

김용찬

거기 산학 프로그램에 하나로 들어가기로 되었어요.

○○○

단발성이 아닌 강의 하나를 계속하기로 했다는 건가요?

김용찬

일종의. 이네들과 얘기하다 보니, 우리 걸 개념훈련으로 쉽게 이해하더군요. 원펀치도 아이부스도 아닌… 그리고 전격 기대해보겠다는 결론을 얻어냈습니다.

교회에선 원펀치, 일반엔 아이부스, 대학에선 개념훈련입니다!

김주성

그렇군요.

잘 됐어요.

김용찬

Reply Instantly

○○○

네, 축하합니다. 그런데 개념의 차이로 가르지 말고 이건 다 아이부스 입니다.

김용찬

알아요. 수입은 다 아이부스 통장으로 들어갈 겁니다.

○○○

네, 아이부스의 첫 번째 작품입니다 고생하셨습니다. 감사합니다, 우리 모두의 쾌거입니다. 김 이사님 감사합니다.

김주성

네, 별말씀을요.

○○○

○○○

김주성

(금) 오후 8:32

김용찬

어차피 이제 대학 가서 강의하게 되면, 수입이 얼마라도 들어오기 시작할 겁니다. 그렇다면, 우리 이사회가 바야흐로 가동되기 시작하는 거지요 아시죠, 지금은 안디옥 교회에 출석하시는 분들과, 아이부스 아카데미에 출석하시는 분들로 이중화되어 있습니다. 하지만, 우린 'all for one, one for all'을 지향하고 있는 하나입니다. 우리의 명칭은 편의상, ○ 이사님이 하도 주장하시니까, 아이부스 아카데미라 부르겠습니다. 이의 없으시죠?

김용찬

[아이부스 사업 수익 배분 규칙] 아이부스 아카데미, 멘토링TV 김용찬의 아이부스가 ○ 이사, 김 이사가 동참하면서는 활기를 띠기 시작했습니다. 여기 분기에 한 번씩 수익금 배분에 대해 한번 생각해 보았습니다. 동의하심, 규칙으로 세워 지켜나가고 싶습니다. 1. 투자금은 전액 대표가 댑니다. 2. 지출내역은 반드시 증빙서류가 있어야 인정합니다. 3. 세액과 향후 필수 지출액까지 고려해 정산후 수익금이 나오기 시작하면, 먼저 가리 10%는 뚝 떼어서 팔하나 포럼(비영리 단체)에다 기부합니다. 4. 남는 수익금 90%에서 ○ 이사, 김 이사, 김 대표에게 공히 얼마씩 기여 정도에 따라 급여나 상여금으로 지급합니다. 그 구체적인 액수는 ○ 이사님이 결정합니다.

김용찬

시작은 미미하지만, 이런 걸 제대로 처음부터 세워서 나아가지 않으면, 조직이 살아나질 않지요. 행여나 천방지축이라 생각하시는 분 없으시길 기원합니다.

Street Praiser

제가 받은 감동을 앞으로 강의를 듣는 학생들이 받기를 기도합니다.

김용찬

고맙습니다. 최민호 목사님. 우리 여섯이 지혜를 모으다 보면, 그리 어려운 일은 아닐 걸로 사료됩니다. 아마도 그 감동은 점차로 커져가지 않을까요? 우리의 일 도모엔 그분이 늘 함께하시니까요.

○○○

애초에 저는 그리고 김 이사님은 그런 기대는 하지 않고 꺼져가는 게(?) 아쉬워서 동참하게 된 것이고, 그럴 겁니다. 일찍 찾아온 기대에 모두들 감사할 뿐 좀 더 지나서 이런 일들은 조심스럽게 접근했으면 합니다. 아이부스는, 그리고 아이부스 아카데미는 제가 건의하였고 김 대표가 선택한 것입니다. 여기에 이견이 있다면 조정하면 되는 것입니다. 감사합니다.

김용찬

반대 의견이신가요?

쇠뿔도 단김에 빼라고 했는데….

○○○

그렇다는 거죠.

김용찬

이런 성격의 의사결정은 시간이 흐른다고 달라질 요소가 거의 없답니다. 그저 우리 초심으로 결정하고선 잘 지켜내면 좋은 거고, 혹 나중 가서 이사회 결정으로 수정할 수 있으면 되는 거지요. 시간은 우릴 기다려 주지 않는답니다. 앞으로 사정은 더욱더 바쁘게 달라져 갈 겁니다.

(금) 오후 10:25

Street Praiser

Street Praiser

김주성

김용찬

○ 이사님께서 반대의견을 주셔서 이 안건은 없었던 걸로 하겠습니다. 조직 가동이 어렵게 되었네요. 다시 재정비되면 의논 나누도록 하겠습니다.

Leadership, 지배구조 개선책

워크시트 v-16

_____ 기업들의 리더십 원천은?

기업형태
(_____산업)

주식회사
유한회사   프랜차이즈
합자회사   협동조합
개인회사

SCM - 가치창출을 위한 공급자 체계

워크시트 v-12

무슨 가치를 추구하나요?

Why?

How?

승부처 찾기

시트16 [조직은 언제 가동될까요?]

얼마라도 대가를 지불할 수 있을 때 가면 자연스레 조직이 가동될 수 있을 겁니다. 그 전에는 봉사라도 하면서 따라오시는 분이 있다면, 그저 고마울 따름이지요.

No pain, no gain. 세상엔 공짜가 없지요. 그러니 조직을 일구려면, 그 봉사하며 따라오는 분들에게 내가 먼저 뭔가를 줄 수 있어야 합니다. 그건 제 콘텐츠 같은 경우엔, 자신의 일 도모에 효과(가치)가 있다는 것을 몸소 체험으로 느끼시게 하는 게 제일 중요해 보입니다!

Leadership, 지배구조 개선책

워크시트 v-16

_____ 기업들의 리더십 원천은?

기업형태
(_____산업)

주식회사
유한회사
합자회사
개인회사

프랜차이즈
협동조합

시트 12, 16, 18 [아이부스 프랜차이즈 비엠의 완성된 모습이 그려진다]

오랜 세월이 걸리긴 했지만, 이젠 제법 제대로 된 모습의 아이부스 비엠이 나온 듯 여겨진다.

원펀치와 대학 간에 산학협력 법인으로 탄생하는 거다. 콘텐츠 및 운영 노하우는 원펀치가 대고, 대학본부는 소출 참여로 따라오는 방식이다. 원펀치와 대학본부는 각기 4:1 지분 배분율을 갖는다.

이게 사실상 아이부스 가맹사업의 최초 가맹점이 되는 모양새다. 그렇담, 이 사업은 개념훈련의 한 유닛이 아닌, 아이부스에서 새롭게 그룹 1호점을 내어서 관리해나가야 할 걸로 보인다. 그렇게 해서, 아이부스가 본연의 모습인 네트워크 관리를 하는 실질적인 모습을 갖추게 되는 거다. 그때가 되면, 그룹 개념훈련은 아이부스 네트워크 산파역이라는 자신에게 주어진 역사적 임무를 다 마치고 아이부스 1호점에게 바통을 넘기게 되는 거다.

아이부스 가맹점의 시대로 접어들게 되면, 우린 보다 재미있는 일들이 많이 발생할 걸로 사료된다. 직접 소득을 벌어들이게 될 테니, 다른 어떤 비엠보다도 매력적으로 동참하는 이들을 흡입할 수 있을 테다. 지금의 개념훈련처럼 단순히 공부하는 것에만 그치지 않을 테니 어쩜 유혹을 강하게 뿌리칠 수 있는 무슨 규칙 같은 게 그때 가면 더 필요할 걸로 사료된다.

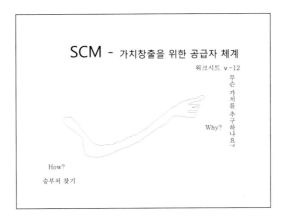

SCM - 가치창출을 위한 공급자 체계

워크시트 v-12

무슨 가치를 추구하나요?

Why?

How?

승부처 찾기

Leadership, 지배구조 개선책

워크시트 v-16

_____ 기업들의 리더십 원천은?

기업형태
(_____산업)

주식회사
유한회사
합자회사
개인회사

프랜차이즈
협동조합

객체지향 시스템 모델링

워크시트 v-18

어떤 이의 작업과도 잘 어울릴 수 있게금 시스템을 구현

콘셉트 보드가 나왔어요 - 아이부스 체인사업

이렇게 시작해보는 겁니다.

> **"귀하의 오성과 균형을 잡아주는 개념역량을 키워내어 드립니다"**
>
> 우린 남다른 감각적 경험을 했을 때엔 오성이 강렬하게 요구하는 니즈를 발견하곤 합니다. 하지만 이게 평소에 지성 훈련을 통해 형성된 사유의 틀에서 제대로 된 언어 콘셉트를 만나기 전까진 그게 비즈니스 아이템으로 까지 성장하진 못한답니다ㅠ
> 누구나 표준화된 워크시트 18쪽을 올려놓고 소통해내니, 같은 생각의 틀에서 하나로 쭉 꿰어서 보고 들을 수 있는 지혜를 갖게 해준다
> 오랜 세월에 걸쳐 풍부한 오성과 지성으로 무장한 이 시대 최고의 멘토로부터 인사이트를 얻는다
>
> **아이부스 체인사업과 1호 가맹점**
>
> 때. 12월 7일 12시 30분 곳. 단국대학교 죽전 캠퍼스 페이지 좋아요 하시고, 어떻게 의사소통 해냈는지를 살펴보시기 바랍니다. 아이부스 www.iBooth.net

시트 13, 16 [왜 체인사업본부에 굳이 대학을 끌어들이려는 걸까?]

아이부스를 애초부터 체인사업 본부로 구상해오던 것과 지금 단국대에서 열고자 하는 새 법인과는 무슨 관련이 있을까? 혹시 이번 탄생하는 법인이 아이부스 체인사업 본부가 되는 건 아닐까?

한편에선 이런 생각도 든다. 과연 대학본부가 이런 체인 본부 사업에 관심이나 있을까?

어쩜 아닐지도 모른다. 비전은 더더구나 공유하지 못할 테고.

pros

대학이 들어옴으로써 비로소 산학협력이 더욱 실감 나는 모습이 될 테니까.

cons

굳이 체인사업본부에 까지 투자를 끌어들일 필욘 없지 않을까? 그냥 가맹점 1호점 오픈에만 소출 투자 참여해 들어오시라 하는 게 자연스러워 보이는데?

和

움… 생각해보니 후자가 더 설득력이 있어 보인다.

그냥 원펀치가 스타트업 법인을 하나 탄생시키고, 거기에 투자 참여로 대학본부가 따라오게 하는 모양새가 제일 원만해 보인다. 그럼 원펀치, 대학본부가 각기 80%, 20% 지분을 갖게 될 것이다. 이게 산학협력의 한 성공사례가 되어줄 걸로 사료된다.

이 법인이 하는 일은 대학 창업센터의 액셀러레이터 역이다. 다만, 스마트 부스 환경에서 살아있는 사례로 개념훈련을 실습하는 것만 다르다.

나는 물론이고, 대학본부에서도 역시 이 법인 활동의 성공과 번창을 위해 온 힘을 경주할 테고

근데, 과연 대학이 이 구상을 따라올까? 그냥 그네들이 요청해 올 때까지 일단은 한번 인내하며 지켜볼 요량이다.

결과적으로 아이부스 체인사업본부는 지금처럼 원펀치 출판사가 계속 맡게 될 거 같다.

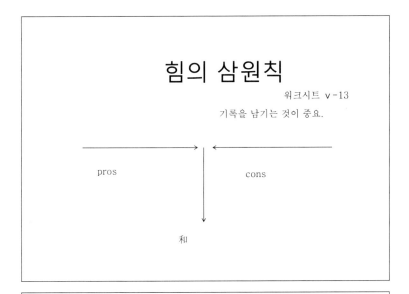

힘의 삼원칙

워크시트 v -13

기록을 남기는 것이 중요.

pros   cons

和

Leadership, 지배구조 개선책

워크시트 v -16

_____ 기업들의 리더십 원천은?

기업형태
(_____산업)

주식회사
유한회사   프랜차이즈
합자회사   협동조합
개인회사

시트 0/10, 4/12, 6/9, 2/13, 15/18 [고객 니즈를 소프트웨어로 구현해내는 것이 코딩]

학습목표 - 개발자를 위한 개념훈련 학습 프로그램

코딩 배우는 학생들에게 일주일에 다섯 차례 두 시간씩 강좌를 한번 맡아 보겠나 하신다. 옛썰.

강의 내용을 한번 짜 볼까요?

월, 화, 수, 목, 금 각기 커리큘럼이 달라야 할 것이고, 기승전결과 같은 흐름을 따라야 할 거 같다.

월엔 콘셉트 경영이란? 흥미 유발이 목적. 시트 0, 10 실습.

화엔 왜 이걸 짜게 되었는지 즉, 목적이 뭐냐? 시트 4, 12 실습.

수엔 우리에겐 무엇이 있어 남다르게 할 수 있다는 걸까? 시트 6, 9 실습.

목엔 창의와 집단지성을 이루는 나머지 두 가지 툴. 시트 2, 13 실습.

금엔 내가 만드는 프로그램이 사람들과 어떻게 소통해내게 할 순 없을까? 시트 15, 18 실습.

막상 코딩 관련해서는 일체 언급을 피하기로 했다. 기존의 교수님들 영역에 내가 끼어드는 건 낯선 이로선 피하는 게 상책이라는 생각에서다. 10시간 강좌가 모두 변죽만 울리는 걸로 그친다. 대신에 양념으로 간간이 내가 직접 경험했던 개발자로서의 경험을 들려준다면, 그래도 보다 확연하게 코더로서의 자신 그림이 그려질 것이야.

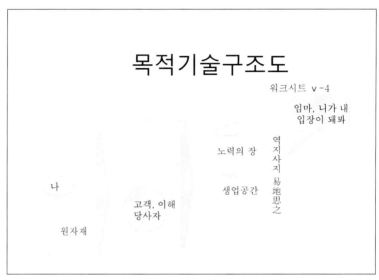

목적기술구조도

워크시트 v-4

임마, 니가 내
입장이 돼봐

노력의 장

역지사지 易地思之

나

생업공간

고객, 이해
당사자

원자재

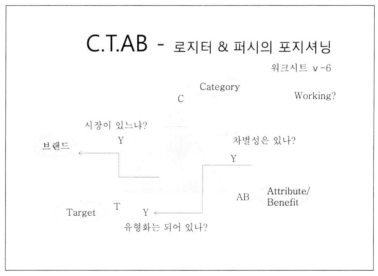

C.T.AB - 로지터 & 퍼시의 포지셔닝

워크시트 v-6

Category

C

Working?

시장이 있느냐?

브랜드

Y

차별성은 있나?

Y

AB

Attribute/
Benefit

Target

T

Y

유형화는 되어 있나?

개념훈련
Concept Training

시트0 [이집트의 상형문자]

이제 드디어 이 시트 0을 처음으로 시도해봅니다.

한국 와서 유학할 때에 사귀었던 이집트 친구가 자기 나라로 귀국한 지가 한 3개월이 되더니, 오늘은 기다리던 편지가 왔네요.

무슨 내용인지 한글로 한번 적어 봐 주시겠어요.

그 옛날엔 중국 화북지방에도 코끼리가 살았다 합니다. 몸집이 거대하고, 정말 기이하게 생긴 코라든지 엄청나게 커서 얼굴을 다 덮을 수 있는 귀 등을 보면서는 사람들이 이 동물에 대해 회자하는 걸 그치지 않았다 합니다.

그러다 탄생한 것이 코끼리 상(象)자로 우리가 알고 있는 상형문자입니다.

이렇게 우린 세상을 real, fact, 경험으로 얘기하다 이젠 image, concept, word로 얘기하기 시작 했습니다.

이게 세상을 엄청나게 바꾸게 된 사실을 혹, 아시나요?

우린 말과 함께 글이라는 걸 탄생시키게 되면서는 각종 기록 및 특히 우리의 생각을 다듬어서 타인에게 전달하는, 지금 말로는 의사소통이라 하지요. 역량을 갖게 되었답니다. 어떤 다른 동물도 이런 창조를 해낸 이는 없지요!

이게 우리의 창의, 의사소통, 집단지성 역량을 엄청나게 끌어올린 것은 그 누구도 부인하지 못할 것입니다.

이제 전 또 한 차례 더 우리 인류에게 창조 작업을 한번 시도해 보자고 나섰습니다. 워크시트 0-18쪽을 만들어내서 이 시트를 들여다보면서 떠오르는 생각을 말이나 글로써 서로 나누어 보자는 겁니다. 같은 주제로 떠오르는 이슈를 우리 얘기 나누어 보자는 거지요. 어떤 일이 벌어질까요?

요즘 회자되는 AI니, Big Data니 하는 소위 4차 산업을 혹, 우리가 리드해갈 수 있겠다는 생각은 들지 않으세요?

이 노력에 같이 동참하실 분 혹, 계신가요?

컨셉팅하라 그리고 코딩하라

시트1 [워밍업]

지금의 나를 살피는 것에서부터 모든 일 도모는 시작합니다. 주위를 살피고, 내 형편을 살피고, 내 건강을 살피고, 내 기운도 살피는 것에서부터

과연 제가 충전되었을까요?

오랜 기다림, 그래도 끊이지 않고 비전과 희망을 버리지 않았고, 날마다 훈련을 쉬지 않고 연마, 때로는 십 년 공부 도로 아미타불 아닌가 나약해지기도, 그래도 언제나 아침이면 다시 털고 일어나 한두 꼭지씩은 글을 써왔어요. 세상엔 왜 그다지도 다들 관계에만 혈안들이 되어 있는지 원, 기실은 남다른 가치를 갖지 않고선 관계를 맺는다는 것이 훨씬 더 어렵기만 한데, 살아보니 먼 곳 큰 꿈을 키워내고선 천천히 한 걸음씩 가는 것이 그 꿈에 도달하는 최선의 방법이더군요, 곧 큰 성공을 일컬음입니다. 나머지 소소한 전투는 늘 일상에서 자주 치를수록 유리한 거 같더군요, 아, 어제와는 달리 오늘은 왜 이다지도 몸이 나른하기만 할까, one gain one loose, 우리의 기와 리는 항시 반복되는 기운인가 봅니다.

한편 난 학생들에게 이런 사람이 될 수 있을까요?

1. 나의 희망찬 미래를 열어가 주는 사람
2. 내 고민거리에 긍정적인 해법을 줄 수 있는 사람
3. 취업이든 창업이든 도전하는 나에게 남다른 가치를 가꾸고 키워 내어 줄 수 있는 사람
4. 창의, 의사소통, 집단지성을 내 핵심역량으로 길러내어 줄 수 있는 사람

5. 가만히 내 생각과 고민에 귀를 기울여서 들어줄 수 있는 사람
6. 나 스스로 지혜가 발동되어 문제와 이슈의 해결을 볼 수 있게 해주는 사람

관심 30개를 적으세요

워크시트 v-1

시트2 [효율적인 회의진행]

이슈로 등장한 특강 주제가 '기술융합과 개념훈련'입니다

4P

목적은 기술융합과 개념훈련이 어떻게 연결될까?

결과물로는 강의교안

준비물은 약간의 실습시트 복사물

절차는 여니 때와 같이 콘셉트 경영에 관한 얘길 합니다. 그러다 적절한 시점에 가서 기술융합의 이슈들을 도출해내면서는 과연 우린 어떻게 그걸 지혜롭게 풀어낼 수 있을지를 살펴드립니다.

4R

사회자, 촉진자는 김용찬

서기는 글쎄요, 역시 제가 되겠죠

참석자는 창업 동아리 학생들과 교수님 몇 분

예상되는 기술융합의 이슈들

1. 4차산업이라고 하는 AI, Big Data 등이 어떻게 기존 산업에 영향을 미칠까?

2. 콘텐츠 산업, 기술 창업 관련해선 무엇이 정말 중요할까?

3. 지금은 마케팅과 코딩이 공히 핵심역량으로 요구되는 시대, 이걸 나누어서 반쪽만 갖고 있다면 일 도모가 어렵기만 합니다.

위 1. 2. 3.의 이슈들이 모두가 개념을 바로 세우게 되면 해법을 찾아낼 수 있다는 걸 입증해 보여드리면 되지 않을까요?

효율적인 회의진행

워크시트 v-2

4P

Product   Preparedness

Purpose   4R

Leader
Secretary
Attendant
Facilitator

Process

시트3 [귀 기울이기]

주제가 기술융합과 개념훈련 특강입니다.

1. 특강 나갈 준비는 되어 있나요? 2. 왜 특강을 나가야 하죠? 3. 필요 없고 4. 필요 없고 5. 기술융합 이슈들엔 무엇이 있나요? 6. 학생들의 관심과 일치할까요? 7. 가치 창출엔 성공할까요? 8. 학생들은 무엇에 관심 있죠? 모르겠으면, 직접 물어보는 것도 한 방법일 겁니다. 9. 내 소비자는 창업동아리 학생 10. 특강비 정도 11. 글쎄요, 지금 블로그, 페이스북 페이지, 그룹, 메신저, 카카오 단톡방 등으로 이미 객체(object)로 구현해냈어요. 12. 이미 마쳤고요. 13. 이제 대학이랑 같이 가야죠 14. 웬 실패? 걱정 안 해요. 내가 그토록 서고 싶었던 상아탑 교단인걸요.

다음 이슈에 답해 보시겠어요

워크시트 v-3

1. 난 창업할 태도가 되어 있나,
2. 왜 창업해야 하지,
3. 창업자금은 어떻게 마련하나,
4. 내 아이템은 정부지원 자금을 받아내기에 적합할까?,
5. 아이템은 어떻게 발굴해내나,
6. 내가 찾은 아이템으로 과연 비즈니스가 될까,
7. 세상엔 어떤 가치를 창출해줄까?,
8. 사람들은 무엇에 관심 있나,
9. 내 소비자는 누구지,
10. 과연 내 아이템에 소비자는 얼마나 돈을 지불할까,
11. 내 아이템을 어떻게 객체로(기술로) 구현해낼까,
12. 상표나 특허장치는 해낼 수 있나,
13. 누구랑 같이 갈까,
14. 만일에 실패라도 하게 되면 난 어찌될까

시트4 [목적기술구조도]

나는 대학 내에 LINK+ 산학협력 사업 성공을 위해 노력하시는 분들 모두가 되지 않을까요? 물론 저도 포함될 겁니다.

원자재는 교육이나 멘토링 프로그램이 되지 않을까요?

고객은 일단은 학생으로 보입니다. 이해당사자로는 유관 기업이나 정부 기관이 될 듯해 보이고요.

이 학생과 기업들이 피 터지게 노력하는 생업 공간은 창업이요, 취업, 그리고 기업 역량강화가 주 이슈가 아닐까요?

그렇담, 그게 나의 노력의 장이 되어줘야겠다는 겁니다. 창업, 취업을 해내는 데에 유리한 자기계발 공부를 하게 해드리고, 기업 역량강화에 큰 기여를 해드리면 되지 않을까요?

그게 우리의 원자재로 다시 거듭나면, 우리 모두가 행복해 하실 거로 사료됩니다.

그렇게 해서 탄생한, 우리 교육, 멘토링 프로그램이 갖게 되는 핵심역량입니다.

1. 워크시트 0-18쪽을 활용해 소통해내는 개념훈련을 통해서 자기계발, 역량강화의 효과를 보게 해드립니다.

2. 표준화된 시트 질문지를 활용해 소통해냄으로써 우린 남들이 갖지 못하는 신뢰성 있는 멘토링 품질관리를 해낼 수 있게 해드립니다.

3. 마케팅과 코딩을 하나로 생각해낼 수 있게 하는 집단지성을 가동하여 미래 시장이 필요로 하는 기술융합을 손쉽게 이루어내게 해드립니다.

어때요, 해피하신지요?

목적기술구조도

워크시트 v-4

임마, 니가 내
입장이 돼봐

노력의 장

역지사지 易地思之

나

생업공간

고객, 이해
당사자

원자재

시트5 [인큐베이트]

2백여 년 전에 살았던 독일의 철학자 칸트는 순수이성 비판이란 책에서 우리 인류에게 아주 중요한 명제를 남겼습니다.

직관이 없는 사유는 공허하고,

개념이 없는 직관은 맹목적이다.

시간과 공간은 인간이 경험을 통해 '인식 대상'을 담는 틀이고, 범주는 개념을 통해 지성이 '사고'할 수 있게 해주는 틀이다.

직관은 수동적, 수용적이고 개념은 능동적, 자발적, 구성적이다.

여기서 '직관'은 쉽게 말해 경험에 해당한다. 요컨대 경험에 바탕을 두지 않은 사유는 내용이 없어 공허하고, 지성의 능동적 활동에 따른 개념이 없는 경험은 아직 틀과 형식으로써 정리되지 않아 맹목적이라는 거다.

이건 고스란히 우리 창업하시는 학생들에게도 똑같이 적용되는 말입니다. 어떤 생각(사유)이 떠올라서 그걸로 창업을 한번 해보려 하지만, 경험해본 적이 없는 생각은 공허할 뿐입니다. 그리고, 경험을 많이 해보아서 나온 아이디어, 아이템이라 하지만, 거기에 개념이 바로 서 있지 않으면, 일의 도모라는 배가 산으로 올라갈 뿐이지요.

결론은, 창업엔 경험과 개념이 중요하다는 겁니다. 그걸 누가 메워드릴 수가 있다고요?

여행 감상문을 적으세요

워크시트 ∨ -5

시트6 [C.T.AB 포지셔닝]

저흰 와튼스쿨 로지터 & 퍼시 교수의 C.T.AB 포지셔닝 이론을 따릅니다. 카테고리에 경쟁사가 있는지를 살핍니다. 그네들과 우린 무엇에서 다른지를 드러냅니다. 타깃 고객을 정의해내고, 그네들에게 다가가는 수단을 강구해서 자연스럽게 시장진입을 노립니다.

우리 경쟁사는 누구? 여타 창업 교육프로그램과 멘토링 프로그램

그네들과 무엇이 다르죠? 워크시트 0-18쪽을 활용해 소통합니다.

타깃 고객은? 대학생.

어떻게 그네들에게 다가가죠? 대학 커뮤니티 사이트에 우리 특강 소식을 올립니다. 강의에서 산출물이 나온다면 그걸 성실하게 올립니다.

브랜드는? 아이부스 아카데미 인지, 아니면 개념훈련인지 아직은 둘 다 낯설기만. 그래도 개념훈련이 낫겠죠.

우리건 아무리 봐도 교육 프로그램입니다. 그 옛날 노자, 공자가 살아있다면 제 경쟁자가 되겠죠. 나머지는 다 제 경쟁자가 아닙니다. 이유는? 조금만 생각해보시면 간단히 드러나요 다른 사람은 돈 벌기 위해서 해요, 전 그냥 가르치기 위해서 해요. 다른 사람은 15년 아무런 소득을 안겨주지 않으면, 더 공부하지 않아요. 전 상관치 않고 계속 정진해왔어요.

C.T.AB - 로지터 & 퍼시의 포지셔닝

워크시트 v-6

Category

C

Working?

시장이 있느냐?

브랜드 ← Y

차별성은 있나?

Y

AB   Attribute/
      Benefit

Target   T   Y ←

유형화는 되어 있나?

시트7 [콘셉트 보드]

우리의 생각을 하나의 시트에다 그려낼 수 있어야겠습니다. 시각화이며, 유형화라 하겠습니다. 그제야 그 생각이 비즈니스 아이템이 되어 작동하기 시작한답니다.

이때 우리가 맞춰야 하는 것이, 한 축에선 경험에서 나오는 직관이란 오성입니다.

또 한 축에선 우리의 생각의 카테고리, 즉 사유의 틀을 잡아주는 개념이란 지성입니다.

이 두 개의 축이 동시에 작동해서 그 결과물로 나오는 것이 콘셉트 보드여야 합니다. 그럼 그 사업은 앞길이 탄탄해진답니다.

좀 말이 어려웠나요? 저희 결과물을 올려서 어떻게 했는지를 보여드리지요.

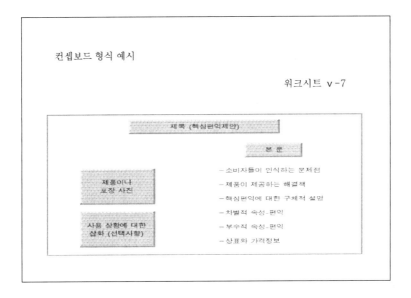

콘셉트 보드가 나왔습니다

어때요, 한번 와보고 싶으세요?

**"귀하의 오성과 균형을 잡아주는
개념역량을 키워내어 드립니다"**

우린 남다른 감각적 경험을 했을 때엔 오성이 강렬하게 요구하는 니즈를 발견하곤 합니다. 하지만 이게 평소에 지성 훈련을 통해 형성된 사유의 틀에서 제대로 된 언어 콘셉트를 만나기 전까진 그게 비즈니스 아이템으로 까지 성장하진 못한답니다ㅠ

누구나 표준화된 워크시트 18쪽을 올려놓고 소통해내니, 같은 생각의 틀에서 하나로 쭉 꿰어서 보고 들을 수 있는 지혜를 갖게 해준다

오랜 세월에 걸쳐 풍부한 오성과 지성으로 무장한 이 시대 최고의 멘토로부터 인사이트를 얻는다

기술융합과 개념훈련 특강

때. 12월 7일 12시 30분 곳. 단국대학교 죽전 캠퍼스
회원으로 가입하시고, 어떻게 의사소통 해냈는지를
살펴보시기 바랍니다.　개념훈련 www.iBooth.net

시트8 [소비자수용도 조사]

대학 특강 나가는 걸로 우리가 소비자수용도 조사한다는 건 좀 우스워 보입니다. 그래서 그냥 생략하기로 했습니다.

다만, 몇 번 리허설을 하다 보니 이구동성으로 사례를 들어 설명해주는 것이 중요하다고들 합니다.

그래서 음… 주위를 둘러보니, 나온 것들입니다.

1. 에어 비앤비

2. 우버

3. 스타벅스

4. 맥도널드

5. 개념훈련

1. 실리콘 밸리에서 창업한 네 명의 청년들이 몇 번 사업에 실패하다 보니 동원할 수 있는 돈은 이미 동이 나 버렸고, 굶주리며 집세도 몇 개월씩 못 내는 절박한 상황에 처했다고 합니다. 한 명이 광고신문을 주워들고 와 방을 빌려줘 보자고 했고, 마침 그 도시에서 무슨 큰 행사가 열리던 때라 나머지가 찬성해 냈던 광고에서 한 번에 그간 밀렸던 집세를 다 갚게 된 경험을 했다 합니다.

이들은 여기서 아이디어를 얻었고, 타이밍을 잘 노리고 사진을 정성껏 찍어 올려서 공유개념을 실천해 성공 비엠을 만들어낼 수 있었다 합니다. Air를 타고선 날아가면 Bed와 Breakfast를 준다고 해서 이름을 Air B&B라 지었다 합니다.

2. 두 청년이 역시 실리콘 밸리에서 창업해 두 차례 실패를 거듭하고서는 마지막 세 번째 사업을 뛰어들어 마침내 시제품을 내어 해외 프랑스 파리로 ICT 전시회에 출품하러 가던 중이었습니다. 그 날따라 그 거대한 도시에서 아무리 불러도 택시를 탈 수가 없어서 정말 난처한 처지에 빠졌습니다. 그리고는 이 뼈저리는 긴박했던 상황에서 벗어날 수 있게 해주는 소비자 수요 맞춤형 택시 서비스 시스템을 구상해내게 되었고, 그게 새로 나온 공유 개념의 우버(Uber) 서비스였다고 합니다. 지금은 시가총액이 자동차 최대 메이커인 도요타, GM을 능가하는 유니콘으로 자라 있답니다.

3. 지금의 스타벅스 회장은 어느 날 커피를 내려서 먹게 해주는 기계와 커피 원두를 판매하는 회사에 마케팅 담당으로 들어가게

됩니다. 직접 기계로 커피를 내려서 먹게 하자는 자신의 사업 아이디어가 먹혀들지 않자, 회사를 나와 그 아이디어로 창업해 성공합니다. 그리고는 자신의 프랜차이즈 사업이 커지자, 나왔던 회사를 사버리고서는 거기다 직장과 집 간에 또 하나의 새로운 공간 개념을 만들어내어 오늘날의 스타벅스(Starbucks) 프랜차이즈 문화가 탄생하게 했다 합니다.

4. 세일즈하면서 미 전국을 다니던 한 중년 신사가 어느 날 한 지방 소도시에서 딱 두 가지 메뉴로 15센트에 판매하는 햄버거 가게를 우연히 가보게 됩니다. 이 주인공은 그 가게 이름이 맥도널드(McDonald)라는 걸 듣고선 무릎을 '탁' 칩니다.

It's a concept!

주인공이 외치는 한 마디 소리가 이 영화의 모든 걸 말해줍니다.

개념은 알아보는 사람만이 경영에 쓸 수 있습니다. 그렇지 못한 사람에겐 기회를 놓쳐버리는 일만이 남는 거지요. 〈The Founder〉(2016).

5. 30년 공부 끝에 드디어 학문의 완성을 보게 된 한 늙은이는 그걸 알리기 위해 아예 출판사를 하나 내어서 책을 한 권 펴냅니다. 하지만 6개월이 넘도록 이 얼핏 보기엔 낯설기만 해 보이는 책이 잘 팔리지 않자, 거의 절망에 가까운 세월을 보내고 있었습니다. 그러던 어느 날 신문에 난 LINK+ 특집 기사를 보게 되고, 용기를 내어 세 곳 대학에 협력 요청 이메일을 넣었고, 한 곳에서 연락이 와 드디어 그 학문을 소개할 기회를 얻게 되었답니다. 날아갈 듯이 기뻤음은 물론입니다. 그 내용이 칸트의 오성과 지성의 작동 메커니즘을 활용했다 해서 이름을 개념훈련(Concept Training)이라 지었다 합니다.

위 다섯 케이스에서 우린 하나같이 공통되는 비엠 성공 공식을 찾아낼 수 있었습니다.

특별한 경험(오성)에서 강한 니즈를 느꼈고, 그때 적합한 언어 콘셉트(지성)가 떠올라 비엠을 시도할 수 있었습니다.

어때요, 칸트가 순수이성비판에서 주장한 오성과 지성이 작동하는 메커니즘을 잘 활용해낸 작품이 개념훈련이라는 생각이 혹, 귀하께도 드시나요?

제품에 대한 소비자 수용도 형식 예시

워크시트 v-8

	1안	2안
컨셉테스트 점수		
사용후 제품테스트 점수		

시트9 [경쟁지각도 조사]

글쎄요, 개념훈련하는 걸 어디서 볼 수가 있을까요? 아마 찾아보기 어려울 걸로 사료됩니다.

비교 자체가 안될 겁니다. 하지만, 최근에 와선 이 콘셉트가 앞으로의 세상을 바꿀 거라는 걸 몇 차례 유명 인사들이 언급하는 걸 들은 적 있어요. 필요로 하지만, 그걸 어떻게 해내는가에 대해선 다들 침묵으로 일관하시는 것 같아요.

그럼, 전 어떻게 해서 이걸 교육프로그램으로 가능하게 했을까요? 한번 들어 보시겠어요?

콘셉트 경영(Management By Concept)

그 옛날 중국 화북지방에도 코끼리가 살았다 합니다. 그 거대한 동물을 본 사람들은 그걸 즐겨 그림으로 남기기 시작했지요. 그러다 탄생한 것이 상형문자 코끼리 상(象)입니다.

그때부터 우리 인류는 어마한 발전을 보게 됩니다. 왜? 우리의 지성을 가꾸는 문자를 발견한 거니까요. 우리의 오성을 관장하는 real이요, fact와는 달리, 카테고리를 구분해내어 지성의 작동을 관장하게 해주는 이걸 우린 image요, concept라 부릅니다.

이 콘셉트를 훈련해내는 방식을 제가 창안해냈답니다. 워크시트 0~18쪽을 올리고서는 팀원들끼리 의사소통해 냅니다. 그렇게 되면, 우린 자연스럽게 니즈를 확인하게 되고, 거기에 상응하는 기술융합의 요구를 찾아내게 됩니다. 한편에선 이 우리의 지성을 관장하는 측에서 카테고리를 나누어서 들여다보는 개념훈련을 하게 될 테고, 거기서 니즈에 상응하는 언어 콘셉트를 찾아내게 되면, 곧 그 비엠은 성공이 보장된다고 하겠습니다.

추리(Reasoning)

독일의 철학자 칸트는 이백여 년 전에 순수이성비판 책에서 중요한 말을 명제로 남겼습니다.

직관이 없는 사유는 공허하고,

개념이 없는 직관은 맹목적이다.

여기서 직관은 경험을 말합니다. 그리고 사유는 우리의 생각을 말하는 거고요. 그러니 우리가 어떤 사업 아이디어가 생각났다고 하지만 그게 자신이 직접 겪어서 나온 게 아니라면, 그건 공허하니, 사업을 논할 거리 조차도 되질 않는다는 겁니다. 여기서 사업 아이디어엔 오늘의 주제인 기술융합도 포함이 된다고 하겠습니다.

그리고 그 기술융합이 경험해본 데에서 나온 직관이라 하더라도 그 아이템에 알맞은 제대로 된 개념을 찾아내질 못한다면, 그건 배가 산으로 올라가는 헛된 일이 되고 말 거라는 경고입니다. 비판서라 불리는 이유이지요.

거꾸로 우린 여기서 비엠의 성공 공식을 찾아낼 수 있답니다.

한쪽에선 먼저 남다른 경험을 반드시 해야 합니다. 그래서 강한 니즈를 발견해내야 합니다. 그리고 다른 쪽에선 평소에 개념훈련을 게을리해서는 안 됩니다. 그러다 보면, 우린 그 니즈에 어울리는 적합한 언어 콘셉트를 찾아내게 될 것이고, 그때 창업하면 반드시 우린 성공을 이루게 될 것입니다.

사례(Reference)

우린 눈에 드러나는 유형화된 사례가 없이는 도무지 이런 메커니즘이 이해가 가질 않습니다. 그래서 제가 앞서 시트8에서 다섯 사례를 찾아내 올려드렸답니다. 참고하시겠어요?

이렇게 풀어가는 특강 2시간이면, 아하, 이거 한번 공부해봐야겠는데 하는 마음이 혹, 귀하께서는 들지 않을까요? 제겐 명쾌해 보입니다만….

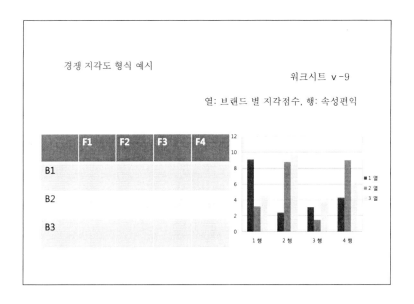

경쟁 지각도 형식 예시

워크시트 v-9

열: 브랜드 별 지각점수, 행: 속성편익

시트10 [공간지각도 조사]

비엠의 성공 공식이 나왔습니다.

F1, F2가 각기 강한 니즈, 적합한 언어 콘셉트로 나왔습니다. 맞나요?

한편에선 특별한 경험에서 비롯한 강한 니즈를 찾아내야 합니다. 그건 자연스럽게 기술융합으로 이어지게 될 것입니다. 그리고 또 한편에선 부지런히 개념훈련을 연마해야 합니다. 그리하면, 그 상황에 적합한 언어 콘셉트가 떠오르게 마련입니다. 그럼 그 비엠은 워킹하는 겁니다.

명쾌합니다, 그렇죠?

근데, 이제부터는 좀 더 '어떻게'를 들여다 보아야 하지 않을까요? 무엇을 해야 하는지는 나왔지만 구체적인 실천과제로 넘어가진 아직 못 했으니까요.

여기서 제가 한번 추천해볼 수 있는 비엠 개념이 아이부스 프렌차이즈입니다. 마치 스타벅스 커피숍 체인과 같은 개념이지요.

이곳 스마트 부스에 들어오시면, 모두가 하나같이 강한 니즈로 찾아낸 기술융합의 요구와 거기에 딱 어울리는 언어 콘셉트를 찾는 개념훈련을 얘기합니다. 거기서 집단지성을 일구어내는 학습훈련을 해내는 거지요. 근데, 모두가 다 실전 사례들로 진검승부 합니다.

이런 혁신 부스를 하나 귀 대학에서 한번 운영해보시면 어떨까요? 강력 추천해 드립니다. 그럼 이게 아이부스 1호점이 되어 앞으로 하나 둘 여타 대학으로 개념훈련이 널리 전파되어 나갈 것으로 사료됩니다. 거기서 산출되는 비엠들에 저희가 갖게 될 사업 참여기회는 앞으로 무궁무진할 것입니다.

왜 브랜드가 아이부스일까요? SNS(Social Network Service)가 주는 피로감으로 인해 한계를 보이는 즈음입니다. 그저 막연히 사이버상에서 친구랑 대화하는 것에 지친 거지요. 아무런 소득이 나오질 않으니 당연합니다. 하지만, 이게 CNS(협동 Cooperative Network Service)가 되면, 이 스마트 부스에서 일어나는 비엠들의 성공으로 인해 내 소득과 바로 연결되니, 의사소통이 재밌기만 할 거라는 데에서 착안했습니다. 기존에 있는 SNS에서 제공하는 모듈들을 활용하게 되니, 마치 호랑이 등에 올라타는 격입니다 개념만 살짝 바꾼 거지요.

마침 제가 개발한 3일 20시간짜리 강의 계획서도 이미 나와서 대학에 제출된 바 있으며, 초기엔 그 학습 프로그램을 따르면 무리 없이 가맹사업 이륙이 가능할 걸로 예상됩니다.

리더십 구현을 위해서 혹, 필요로 하다는 판단이시면, 귀 대학에서 얼마 투자를 결정해서 이 아이부스 프랜차이즈 비엠에 같이 동참하실 기회를 열어드리겠습니다. 저흰 소출개념으로 20% 지분참여를 규칙으로 세우고 있답니다. 부스 운영 프로그램은 저희 원편치가 대고, 가맹점 1호점을 멋지게 만들어서 이륙할 수 있게 하는 건 대학에서 맡으시는 겁니다.

혹, 이게 귀 대학의 LINK+ 1호 비엠 사업참여가 되는 건가요? 좋은 실적이 될 거라는 느낌이 오지 않으세요?

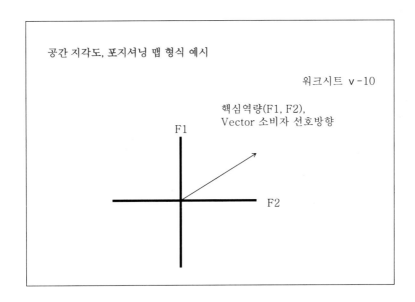

공간 지각도, 포지셔닝 맵 형식 예시

워크시트 v-10

핵심역량(F1, F2),
Vector 소비자 선호방향

F1

F2

시트11 [비즈니스모델 캔버스 실습]

1. 먼저, '개념훈련' 교육훈련 프로그램 비엠을 가지고 한번 들여다보겠습니다.

타깃고객 - 대학 창업 동아리

채널 - 특강, 워크숍 실습, 커뮤니티 서비스

고객관계 - 강의, 멘토링

제안가치 - 기술융합과 개념훈련으로 강한 니즈 발견과 딱 어울리는 언어 콘셉트를 찾아내어 준다.

자원 - 워크시트 0-18쪽

활동 - 이론강의, 실습, 커뮤니티 서비스

파트너 - 대학 본부 LINK+ 사업단

원가 요인 - 뭐 들 거 없어요. 젓가락 하나 더 놓는 개념

수익 흐름 - 강사료. 중요한 핵심역량으로 들어가게 되면, 제법 늘어날 듯

포지셔닝 서술문 - 개념훈련은 대학 창업 동아리를 대상으로 기술융합과 개념훈련으로 강한 니즈 발견과 딱 어울리는 언어 콘셉트를 찾아내어 주는 강의 및 실습 서비스를 한다.

어때요? 뭐 간단해 보입니다만, 기존에 해오던 방식과는 많이 달라 보입니다.

2. 다음, '아이부스' 프랜차이즈 비엠을 가지고 들여다보면 어떻게 나올까요? 궁금하시죠?

타깃고객 - 대학 창업 동아리, 그 외 열려있는 모든 일반 창업 커뮤니티가 대상

채널 - 특강, 워크숍 실습, 커뮤니티 서비스

고객 관계 - 강의, 멘토링, 집단지성

제안가치 - 강한 니즈 발견과 딱 어울리는 언어 콘셉트를 만나게 해준다는 학습훈련을 핵심역량으로 스마트 부스를 상시 운영하여, 거기서 산출물로 탄생하는 비엠들의 성공에 직간접으로 참여한다.

자원 - 워크시트 0-18쪽, 산출물로 탄생하는 숱한 비엠 사례

활동 - 이론 강의, 실습, CNS아이부스 서비스

파트너 - 대학 본부 LINK+ 사업단, 창업자들

원가 요인 - 교육 프로그램 업그레이드, 가맹점 공간을 꾸미는 데에 드는 경비, 창업 아이템에 투자금으로 지출

수익 흐름 - 강사료, 스마트부스 서비스료, 투자회수수익

포지셔닝 서술문 - 아이부스는 다양한 창업 커뮤니티들을 대상으로 강한 니즈 발견과 딱 어울리는 언어 콘셉트를 만나게 해준다는 학습훈련을 핵심역량으로 프랜차이즈 스마트 부스를 상시 운영하여, 거기서 산출물로 탄생하는 비엠들의 성공을 위해 직간접 투자를 포함한 멘토링 서비스 등에 적극 참여한다.

이 경우엔 기하급수적으로 성장할 가능성이 엿보인다고 하겠습니다.

비즈니스모델 캔버스 형식 예시   사업명: 작성자:

워크시트 v-11

파트너   활동   제안가치   고객관계   타깃고객

자원   채널

원가요인   수익흐름

시트12 [SCM 가치창출을 위한 공급자 체계]

Why? 아이부스 체인사업

How? 개념훈련 Concept Training

궁극적으로는 아이부스 체인사업을 이륙하기 위함입니다. 우리 가치 추구의 정점입니다. 그래서 개념훈련의 잘 정제된 비엠을 하나 탄생시켜 후학들에게 눈에 확연히 드러나고, 가슴에 쉽게 와 닿게 해드리고자 함입니다.

이 모든 사업의 승부처는 오늘날 들어가는 대학 특강에서 비롯했습니다. 우린 한 축에선 부지런히 경험해서 강한 니즈를 발견하는 놈을 찾아내야 합니다. 그래서 기술융합의 요구사항을 수렴해내야 합니다. 다른 한 축에선 그 상황에서 딱 들어맞는 언어 콘셉트를 만나기 위해선 날마다 개념훈련으로 자신의 지성을 연마해내는 걸 게을리해선 안될 것입니다.

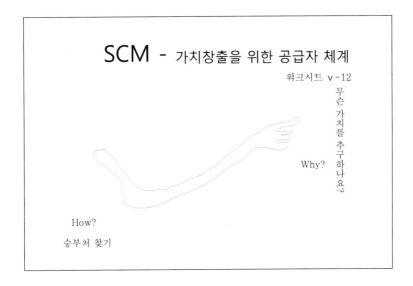

SCM - 가치창출을 위한 공급자 체계

워크시트 v-12

무슨 가치를 추구하나요?

Why?

How?

승부처 찾기

시트13 [힘의 삼 원칙]

이제 등장하는 이슈가 때를 택하는 걸로 보입니다. 언제 이 카드를 들이밀죠?

pros

쇠뿔도 단김에 빼라고 초심을 잃지 않은 지금이 적기.

cons

아직은 좀 일러 보입니다. 그네들이 무얼 하자는 건지 쉽게 와 닿지 않을 겁니다.

和

모든 채비를 다 마치고선 조용히 때를 기다리는 겁니다.

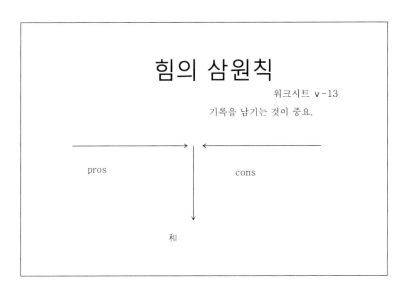

시트14 [CRM 일관성 있는 고객관계관리]

앞으론 두 축의 활동만이 남습니다.

하나가 일상에서 개념훈련을 게을리하지 않는 일입니다.

또 하나가 아이부스 1호점의 이류 기회를 호시탐탐 노리는 일입니다.

나머지 활동은 일체 줄여나갑니다. 선택과 집중입니다.

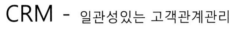

CRM - 일관성있는 고객관계관리

워크시트 v-14

니는 내게 뭘 주는데?   What?

시트15 [펌프 프라이밍 전술]

품질단서(Quality Clue). 개념훈련 교육 프로그램의 질이 모든 걸 말해줍니다. 이는 다른 말로는 워크시트의 품질에 많이 좌우될 것이고요. 지속적으로 이 워크시트를 업그레이드 해내야 합니다.

색조화장. 워크숍 실습이 되지 않을까요? 3일 20시간짜리로 개념훈련을 밟게 되면 학생들에겐 환상적인 경험이 될 겁니다.

유인책. 커뮤니티 사이트를 하나 개설해서 이 교육훈련에서 나오는 모든 산출물을 담아내는 것이 중요해 보입니다. 모든 교신은 거기를 통해서 일어날 수 있어야 합니다. 객체 모듈(module)을 하나 만들어 내는 거지요. 이름은 '아이부스 단국대 죽전캠퍼스점'이 어떨까요?

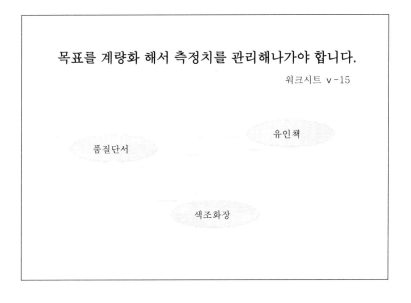

목표를 계량화 해서 측정치를 관리해나가야 합니다.

워크시트 v-15

유인책

품질단서

색조화장

시트16 [리더십 구현 전술]

어제 이륙한 객체 모듈 '아이부스 단국대 죽전캠퍼스점'은 사실상 오프라인에서도 법인체로 인정을 받고 시작해야 제대로 된 리더십을 갖습니다. 얼마간이라도 대학으로부터 투자를 받아서 출범하는 것이 LINK+ 산학협력의 의미를 잘 살려낼 수 있지 않을까요? 지금 당장은 아니더라도 언젠가는 그렇게 다시 출범하는 것이 바람직해 보입니다.

기실 우리는 교육 프로그램이니 콘텐츠가 거의 전부입니다. 그리고 나머진 가맹점 시설 정도인데, 그것도 대학엔 이미 있는 시설을 활용하게 될 테니, 별도로 돈이 들어가는 일은 거의 없을 겁니다. 다만, 제가 상주해서 학생들 사업 아이템을 돌보아 줄 수 있는 사무실이 하나 대학 내에 생기게 되는 효과입니다. 거기서 비롯해 사실상의 엑셀러레이트 역할을 감당할 수 있게 되는 게지요.

수익 흐름은 어떻게 될까요? 아마도 우리 방식을 적용하고자 하는 컨설팅 의뢰가 들어오지 않을까요? 그럼 그게 곧 스마트 부스 '아이부스' 서비스가 되는 거고, 제겐 그 수익을 법인체 수입으로 잡아가는 게 저희 비전을 가꾸어 나가기 위해서 유리할 거라 사료됩니다. 쉽게 말해, 이 법인체로 아이부스 체인사업과 1호 가맹점을 운영하겠다는 비전입니다. 여기서의 투자 지분배분율으론 소출 개념(4:1)의 규칙을 세우고자 합니다. 얼마를 태우든지, 사업의 주력 파트너가 4를 갖고, 조력 파트너가 1을 갖는 방식의 지분 배분입니다.

이렇게 출범해서, 서서히 돈이 쌓이기 시작하면 그땐 자체 적립금으로 증자를 해나가면 될 겁니다. 돈 쓸 곳? 많아요. 우선은 학생들이 창업하게 되면 당장에 필요로 하는 게 돈일 테고, 그걸 우리가 얼마라도 투자 참여해주는 시스템이 바람직할 겁니다. 그래야, 리더십이 생기죠. 여기서도 저희가 세운 투자 지분배분율 규칙인 소출개념(4:1)은 지켜져야 한다는 것이 제 방침입니다.

Leadership, 지배구조 개선책

워크시트 v-16

_____ 기업들의 리더십 원천은?

기업형태
(_____산업)

주식회사
유한회사
합자회사
개인회사

프랜차이즈
협동조합

시트17 [요구사항 수렴]

　기술융합의 이슈. 구글에서 찾아보니 주로 ICT 기술 융합을 두고선 기술융합이라 일컫는 것 같다. 이건 기존의 산업이 ICT를 도입해 급격히 성장하다 보니, 생겨난 접근 같아 보인다. 그리고 가치 중심의 사고를 위해선 인문학과의 융합을 얘기들 하는 것 같고.

　기술융합 이슈에서의 요구사항은 그럼 그게 뭐가 될까요?

　여기서의 핵심은 강한 니즈가 되어야 할 것 같다. 그때 니즈를 위해선 우린 어떤 기술이 되었든 맞추어내야 하는 것이다. 각기 전문가들이 포진해서 협력해야 할 동기가 부여되는 것을 말하며, 이는 돈보다는 비전으로 끌어들일 수 있어야 하는 것이 핵심이 될 거라 사료된다. 귀하라면 이걸 어떻게 해낼 수가 있겠어요?

　너도 나도 사람들이 관계에 목메어 달면서 살아가는 게 우리네 현실이다. 근데 기실은 우리는 젊을수록 이와 반대편에 있는 자신의 가치를 키워내는 데에 투자를 게을리해선 안 된다는 사실을 왜 이다지도 모르는지 원, 관계만으론 우린 다른 사람으로 쉽게 대체가 가능하지만, 거기에 가치가 더하게 되면 원천적으로 대체가 불가능하다는 성질을 갖고 있다.

　전 이걸 개념훈련을 통해 자신의 가치를 키워낸다는 개념 설정으로 돌파하고자 합니다.

　같이 동참하시게 되면, 각기 자신의 분야에서 자기 아이템을 가꾸어내는 데에서도 다시없을 좋은 경험이 될 거라는 것도 개념훈련이 가져다 주는 무시 못 할 혜택이라 할 것이다.

요구사항 수렴 시에 반영

워크시트 v-17

시트18 [객체 모듈로 구현]

　CNS아이부스는 소프트웨어 모듈들의 집합체. 나 아닌 객체 Object 모듈로 구현해내야 지속 성장이 가능합니다. 그걸 지금은 이미 나와 있는 SNS 모듈들을 활용하는 걸로 충분해 보입니다.

　일단은 1호점이 집단지성을 일구어내는 데엔 기존 페이스북 그룹과 유닛 기능으로 가능합니다. 하지만, 종래에 가선 CNS아이부스는 소프트웨어 모듈들의 집합체가 될 걸로 사료됩니다. 그 투자를 아끼지 않아야 유니콘 기업으로 자랄 수 있습니다.

　근데, 과연 누가 이 비전을 같이할 수가 있을까요? 이 고비를 넘기고 나서야 비로소 우린 인공지능으로 대변되는 미래 산업에 유일하게 도전장을 내밀 수 있는 대항 마로 성장할 수 있을 것입니다. 또 하나의 걸작(Masterpiece)을 보게 되는 거지요.

　과연 대학본부에서 이 비전을 따라올 수 있으실까요? 저로선 의문이 아닐 수가 없습니다.

객체지향 시스템 모델링

워크시트 v-18

어떤 이의 작업과도 잘 어울릴 수 있게끔 시스템을 구현

융합세상과 개념훈련
Convergence & Concept

시트 0, 10 실습 [기술융합과 개념훈련 특강]

12월 7일 가졌던 14주 차 금요 특강입니다. 의외로 학생들 반응이 나쁘진 않았다는 느낌입니다. 앞으로 학생들에게도 '이 콘텐츠가 먹히겠구나'라는 걸 느낀 하루였습니다. 안내하셨던 박완기 교수님도 호평을 해주셔 상당히 고무되었습니다.

다만, 제가 이번엔 주어진 주제 '기술융합과 개념훈련'에 무리하게 다가가다가 학문적 실수를 범하고 말았습니다. 리즈닝에서 칸트의 인식론을 들어서 저희 개념훈련과 기술융합을 연결 지은 것까지는 좋았습니다만, 이것과 연계를 지어 레퍼런스에 들어가면서는 시트10 실습으로까지 또 연결 지은 것은 분명한 학문적 실수였습니다. 오호라!

무언가 이상하다는 생각이 들었는데, 오늘 아침에야 언뜻 이건 너무 무리한 연결이라는 생각이 들었어요. 사실 이 둘은 전혀 상관없는 하나는 철학 얘기고, 나머지 하나는 마케팅 소비자 선호 vector(방향과 크기) 이야기였는데, 이 둘을 연결 짓다 그만 욕심이

화를 불렀네요.

보드를 좌로부터 1-6번 구간이라 하면, 2번 구간에서는 칸트로 리즈닝만 구하고 말았어야 했고, 맨 마지막 6번 구간에선 레퍼런스만 갖고선 공간지각도를 실습하는 걸로 마쳐야 했습니다. 여기서 지금 떠오르는 우리의 문제는 두 번의 이차원 그래프를 그려서 이 둘이 마치 연계되는 것처럼 보인다는 겁니다. 어떻게 극복할 수 있을까요?

차라리 2번 구간에선 칸트를 얘기하고선, 가치와 관계 그래프를 그리면서는 지성과 오성을 비교해보는 것이 좋지 않을까요? 거기에 곡선으로 개념 선을 그으면서 아래와 위로 실패구간과 성공구간으로 나누면 보다 설득력을 갖게 될 거라는 생각이 듭니다. 애초에 원펀치 강좌에서 소개해 어필했던 접근입니다. 그리고 6번 구간은 그냥 공간지각도, 포지셔닝맵을 그려서 감각적 경험이 언어 콘셉트를 만났을 때 성공한다는 사례로 가볍게 터치하는 것이 좋지 않을까요?

지금에 와서 생각해보면, 김국일 교수님이 지적했던 추상(abstract)이 학생들에겐 너무 모호한 개념이란 말에 동의하지 않을 수가 없습니다. 이 말씀도 아주 귀하게 받잡습니다. 교수라는 직업이 그리 호락호락하지가 않다는 깨우침을 얻었습니다.

오늘 특강은 내가 점수를 준다면 80점에 그칠 거 같습니다(단국대학교 죽전캠퍼스에서 처음 강의했던 날).

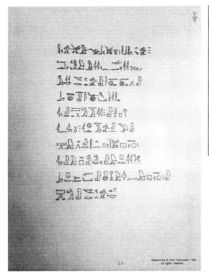

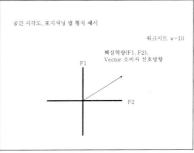

공간 지각도, 포지셔닝 맵 형식 예시

워크시트 v-10

핵심역량(F1, F2),
Vector 소비자 선호방향

F1

F2

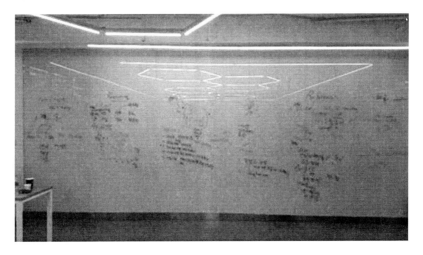

2구간 [칸트의 인식론은 코페르니쿠스적(관념의) 전환을 가져왔다]

우리 공학도들에겐 철학이 마냥 어렵기만 합니다. 하지만, 잘 들여다보면 거기서도 우리의 구슬을 꿸 수 있다는 것을 알 수 있습니다. 오히려 그것이 더욱 우리와 다른 인문계열 사람들에겐 설득력이 있다는 것을 압니다.

그게 인문학과 공학의 융합이요, 개념훈련을 하는 이유라는 겁니다.

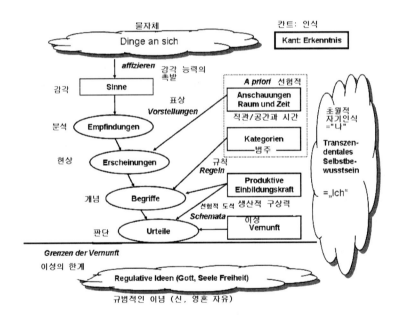

2, 6 구간 [기술융합과 개념훈련 특강 콘텐츠 보강]

칸트의 인식론, 관념론에서 비롯해 이 강좌가 나왔으며, 우린 간절한 니즈와 새로운 개념을 찾아내는 역량을 강화해냄으로써 우리의 앞날에 희망을 가질 수 있게 되었습니다.

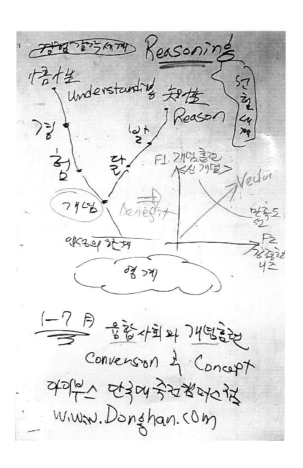

시트 0, 10 [콘셉트 경영이란?]

홍미 유발이 목표

상형문자 이슈

다행히 이번에도 2시간 강의라 특강에서 다루던 내용을 그대로 써도 별 무방해 보인다. 제목만 살짝 바뀌었다. 기술융합과 개념훈련에서 융합사회와 개념훈련으로. 이번에 특강 하면서 나온 좀은 더 개선할 아래 아이디어들을 수렴하면 보다 좋은 커리큘럼이 되어 나올 것이다.

1. 끝에 가서 시트10 실습에서 도표에다 마지막에 좌표를 찍어서 vector 선을 화살표로 그려내면 좋겠다. 유형화가 개선됨
2. 내 책과 사이트를 안내하는 방식이 너무 성의가 없었던 것 같다.
3. 팀별로 나누어서 페이스북 페이지 - 그룹 조합을 실제로 하나씩 만들게 해서 내가 직접 거길 찾아가 지도해주는 방식을 한번 도입해보면 어떨까 한다.

5일 10시간 강의 첫 번째 날입니다. 이집트의 상형문자, 공간지각도

먼저 3, 4번 구간* CONTRAPOSITION에서 시작합니다.

왼편에다 코끼리를 그립니다. 그리곤 옛날 3천 년 전에는 중국 화북지방에도 코끼리가 살았다고 합니다. 거대하고 신비로운 이

---

* 보드 판서 구간을 좌에서 우로 1-6으로 나누어서 한가운데를 3, 4번 구간이라 합니다.

동물은 사람에게서 굉장한 호기심을 자아냈던가 봅니다. 너도, 나도 이 동물을 만난 얘길 좋아하고, 그러다 보니 이 동물을 표기할 그 무엇이 필요했습니다. 한자 코끼리 상(象)을 오른편에다 적습니다.

좌는 real, fact, specification, 말을 그리고 우는 image, concept, function, 문자를 그 밑에다 적습니다.

이렇게 문자를 갖게 된 인류는 이후론 급속도로 삶이 윤택해지기 시작합니다. 생각과 말을 글로써 남겨 서로 교환할 수 있게 되었으니까요. 이건 엄청난 변화인 겁니다. 비근한 예를 한번 들어 볼까요?

이천몇백 년 전부터 중국엔 만리장성이 있었습니다. 그건 북방 흉노족이 하도 괴롭혀서 어쩔 수 없이 물리적으로라도 여기 선까진 침공하지 말라고 성을 쌓았던 겁니다. 맞겠죠? 근데, 이 남방민족과 북방민족 간에 힘의 균형이 한 무제에 가서는 역전되고 맙니다. 무슨 일이 있었던 걸까요? 전 이걸 문자를 가진 민족과 그렇지 못한 민족 간에 생겼던 차이였다고 봅니다.

이를 문(文)이 무(武)를 이긴 동양의 첫 대표적인 사례라 할 것입니다. 서양에선? 로마나 아테네가 공화정을 바탕으로 뭉쳐서 이방 바바리안(야만인)들을 물리친 사례들이 역시 이를 말해줍니다. 이때부터 우리 인류는 힘센 놈이 아니라 문자를 잘 발달 시킨 놈이 이기는 게임으로 전쟁의 양상이 바뀐 것입니다.

시트0 실습(먼저 종이를 나눠 준 후, 아래 설명에 들어갑니다)
여러분은 한 테이블 별로 각기 팀을 하나 만들어 내십니다. 먼저 팀장을 한 분 뽑으시기 바랍니다. 단, 이 팀장은 페이스북 계정을 갖고 있는 분이셔야 합니다. 그리고선 팀장 주제로 이번 주간에 이루고자 하는 목표를 하나씩 선정하시기 바랍니다. 그걸 지속 가능한 경영으로 가져가기 위해서 브랜드와 키워드를 찾아내셔야 합니다. 마침 여러분에게 이집트의 한 현인으로부터 그에 관해 편지가 왔어요. 이를 한국말로 한번 번역해 주시겠어요? (10분간 실습하라고 합니다)

각 팀장께서는 나오셔서 가장 인상적인 한 분의 편지를 한번 읽어 보아 주시겠어요?

여기서 무엇을 느끼셨나요? 상형문자가 있음으로 인해 우리가 얼마나 편리하게 서로 간에 소통해낼 수 있었고, 그것이 우리 삶에 얼마나 큰 영향을 끼치고 있었는지 감이 오시나요? 만일에 우리가 무언가를 들여다보면서, 같이 의사소통해낼 수 있는 도형이나 약속 같은 게 있다면, 그렇지 못한 여타 팀들에 비해 팀 역량이 엄청나게 강화될 수 있겠다는 생각이 혹 들진 않으세요?

이 과정은 assignment가 있습니다. 팀장과 팀원들은 힘을 합하여, 실습한 위의 목표, 브랜드, 키워드로 페이지 - 그룹 조합을 하나씩 만들어내시기 바랍니다. 그리고는 '아이부스 단국대 죽전캠퍼스점'에 회원가입하고 들어오셔서 최근 글에다 댓글로 그 페이지와 그룹을 알려주시기 바랍니다. 그럼, 제가 거길 찾아가서 귀 팀을 지도해드리겠습니다.

--------- 질의응답과 10분간 휴식 ----------

다음 2번 구간 REASONING 입니다.

여태는 제가 찾아낸 reasoning 추리였고, 이젠 이미 다들 알고 있는 보편적인 리즈닝을 한번 들어 보지요.

250년 전에 독일의 철학자 칸트는 순수이성비판에서 인간의 인식이 어떻게 일어나는지의 메커니즘을 설명했고, 이 주장은 이후로 지금까지도 보편적인 진리로 받아들여지고 있습니다. 그 대표적인 내용이 바로 이 말로써 다 설명이 됩니다.

직관이 없는 사유는 공허하고

개념이 없는 직관은 맹목적이다

인간은 겪어 보고서야 오성(悟性, understanding)이 작동하게 되어 있습니다. 이 오성이 작동해서 나온 아이디어는 더 이상은 공허하지 않습니다.

그러나 다른 동물과는 달리 우리 인간에겐 선험적으로 작동하는 지성(reason)이란 것이 있고, 그걸 받아드리는 범주가 미리 나뉘어져 있어 개념이 서 있지 않으면 아무리 낫 놓고 기역 자라 해도, 지성이 작동하지 않게 되어있습니다. 결국엔 배가 산으로 올라가고 맙니다.

결론은 우린 한쪽에선 이것저것 남다른 특별한 경험을 해서 거기서 떠오르는 아이디어를 늘 실험할 수 있어야 하며, 또 한 쪽에선 지성이 작동할 수 있게 해주는 개념을 늘 연마하여 새로운 방(범주)을 만들어나가야 비로소 평소에 이 둘을 활용할 수 있는 지혜로운 사람이 된다는 걸로 요약됩니다.

(그 밑에다 칸트 인식론, 관념론 도해를 그려 드립니다) 말로는 제대로 된 개념이 서질 않으니, 이걸 도형으로 그려서 한번 보여드리겠습니다. 위에서 내려오는 세로축엔 오성(悟性, understanding), 옆에서 들어오는 가로축엔 지성(reason), 직관과 범주가 여기에 위치합니다. 그리곤 오성과 범주 이 둘이 만나는 지점을 개념이라 합니다. 이는 다시 말해, 사람은 한쪽에선 인문학 등으로 가치 세우기(지성)를 연

마해야 하고, 다른 한쪽에선 기술습득이나 관계 맺기(경험)로 넓혀 나가야 비로소 제대로 된 개념 방이 생겨나서, 균형 잡힌 사람으로 살아갈 수 있다는 겁니다.

여러분은 이런 도형이나 시트로 자신을 연마하고 팀원들끼리 의사소통하는 사람들에 대해 들어보셨나요? 오늘 아마도 제가 처음으로 그런 학습훈련이 있다는 걸 소개하고 있을 겁니다. 맞나요?

1번 구간 FINDING입니다.

영어로 con‐cept는 서로 간에 같은 생각이 떠오르게 해준다는 의미입니다. 한자 개(槪) 역시 사전에서 되를 밀어 고르게 해주는 평미레 개입니다. 사는 사람이나 파는 사람이 서로가 인정해준다는 의미입니다. 개요나 대체라는 의미로 우리가 쓰고 있는 단어입니다만, 이게 요즘은 크게 각광 받는 시절이 되었답니다. 왜일까요? 세상에 이 개념마저도 너무 없는 사람이 많기 때문이 아닐까요.

5번 구간 REFERENCE입니다.

앞서 우린 남다른 특별한 경험이 제대로 된 언어 콘셉트를 만나면 비즈니스가 성공한다는 스타트업 성공공식에 대한 얘길 했습니다. 이야기만 해선 우린 개념이 떠오르질 않습니다. 앞의 유닛 시트8[소비자수용도 조사]에서 든 사례를 적용해보아서 맞는지 같이 한번 살펴볼까요? 다시 보아주시기 바랍니다.

1. 에어 비앤비
2. 우버
3. 스타벅스

4. 맥도널드

5. 개념훈련

위 사례들에서 각기 F1, F2에 무엇이 성공 공식으로 나왔나요?

6번 구간 FINALIZE입니다.

위 다섯 케이스에서 우린 하나같이 공통되는 비엠 Business Model 성공 공식을 찾아낼 수 있었습니다. 그런가요?

시트10 실습

특별한 경험(오성)에서 강한 니즈를 느꼈고, 그때 적합한 언어 콘셉트(지성으로 연마해낸 개념 방)가 떠올라 비즈니스 모델이 탄생할 수 있었습니다. 공간지각도를 그려서 세로축에다 F1 언어 콘셉트를, 가로축에다 F2 특별한 경험을 놓게 하고, 사례로 든 아이템들이 어디에 위치하는지를 한번 찍어보게 하고, 그걸 원점에서 사선으로 연결해 vector를 보여주는 것이 좋을 듯.

혹은, 사례가 창업이 아닌 다른 걸로 나왔다면, 세로 축에다 F1 가치, 가로축에다 F2 관계를 세우고선 한 가운데에다 사선으로 성공 선을 긋게 해 실패와 성공을 가르게 해서 vector선을 보여주는 방식도 가능해 보임.

자, 우리 여태 나온 다섯 사례에서 스타트업 성공공식이 보편적으로 적용된다는 가설이 틀렸나요, 맞았나요?

제가 이 개념훈련을 여러분과 함께 학습훈련 해볼 수 있겠다는 생각에서 여러분 앞에 서게 되었답니다. 어때요, 앞으로 우리 이 개념훈련을 익히게 되면, 재밌게 취업하고 창업도 해볼 수 있겠다는 느낌이 오시나요?

제가 여러분과 나눈 소통은 'www.ManagementByConcept.com'에 가면 모두 올라있고, 회원으로 가입하시면 모두 볼 수 있습니다. 책을 사 보시겠다고요? 『콘셉트 경영』(저자 김용찬, 2018년 원편치 출판사). 이공계나 코딩을 전공으로 하시는 분이라면, 87쪽부터 시작하는 6장 포지셔닝 조사편이 양질의 마케팅 지식을 쉽게 익히게 해드릴 것입니다.

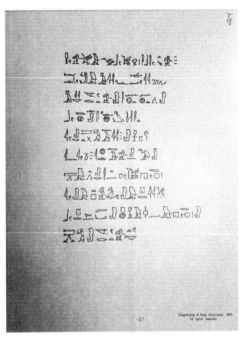

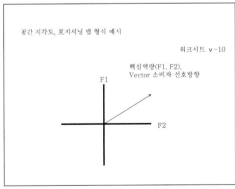

공간 지각도, 포지셔닝 맵 형식 예시

워크시트 v-10

핵심역량(F1, F2), Vector 소비자 선호방향

F1

F2

시트 4, 12 [왜 코딩을 짜게 되었는지 즉, 목적이 뭐냐?]

구체적 사고형 vs 개념적 사고형 이슈

이거 막상 대학에 들어가서 강의를 하다 보니, 이전에 생각해오던 창업 액셀러레이터 와는 전혀 다른 상황입니다. 이공계 학생들에게 보다 보편적으로 융합과 개념(Convergence & Concept)이란 콘셉트를 가르치는 임무가 제게 주어진 걸로 보입니다. 어찌 보면, 먼 길을 가기엔 차라리 잘 된 것으로도 생각됩니다. 이제부터는 명품 클래스를 하나 만들어내어 보편적으로 넓은 범주에서 우군을 만들어가는 겁니다

1월 7일부터는 코딩 클래스에서 '융합사회와 개념훈련' 강좌를 개설한다고 안내가 나가고 있다 합니다. 수강생이 어느 정도 차면, 강좌 개설이 될 테니 미리 커리큘럼을 개발해보아야겠습니다.

첫날은 콘셉트 경영을 소개하는 기존의 특강 내용으로 하면 적합할 것 같습니다. 호기심 유발이 목적입니다.

둘째 날입니다. 코딩을 짜는 이들이 왜 그걸 하는지에 대해선 문외한들이 많아요. 하지만, 이걸 일찍부터 극복해내지 못한다면, 결코 귀하는 코딩 전문가로 자랄 수 없답니다.

5일 10시간 강의 두 번째 날입니다. 목적기술구조도, 가치창출을 위한 공급자 체계

먼저 3, 4번 구간 CONTRAPOSITION에서 시작합니다.

피카소의 뜨개질하는 여인 그림을 그립니다. 거기서 추상(Abstract)을 끄집어 냅니다. 그리고는 세상엔 구체형 사람과 개념형 사람이 있다, 이 개념형은 추상에 능한 사람들이라 합니다. 좌에는

구체형 사람, 우에는 개념형 사람.

의뢰인과 개발자 간엔 철도 선로처럼 영원한 평행선을 긋게 마련입니다. 원래가 머리 구조가 다르게 생겨 먹었기 때문이지요. 대개 의뢰인은 인문, 상경 계열 출신입니다. 반면에 개발자는 이공계열 출신이지요. 이 둘은 문과와 이과로 나뉘어서 학습했고, 살아왔기에 같은 용어를 쓰나 서로가 다르게 이해하고 받아드립니다.

인문학은 왜 필요할까요? 그렇습니다, 우린 어떤 민감한 사안에 가치판단을 해내려면 평소에 인문학을 들여다보는 학습을 해야 합니다. 그럼, 우리의 지성(知性, reason)이 깨어나게 됩니다. 공학은 왜 필요하죠? 이건 우리의 오성(悟性, understanding)을 일깨워 줍니다. 개념훈련을 해내면 이 둘이 자연스럽게 만나게 해줍니다. 문과와 이과가 만나는 거지요.

구체적 사고형 vs 개념적 사고형

사람은 두 종류로 나뉩니다. 이 두 부류는 서로 같은 용어를 쓰나, 그걸 이해하는 정도는 완전 180도로 다릅니다. 비근한 예로 아침에 직장에서 만나 "좋은 아침입니다."라는 인사를 나누었다고 합시다. 구체적 사고형은 간단히 그저 인사치레로 던진 말입니다. 그러니 그저 조용히 하루에 자신이 할 일에 집중하고 싶을 뿐입니다. 반면에, 개념적 사고형은 여기서 자신의 기를 한껏 뽐냅니다. '아…' '뭐…'하면서 아침 출근하면서 있었던 일을 재밌게 들려주려 노력합니다. 하지만 결과적으론, 서로의 시큰둥한 반응에 서로가 실망하고 마는 아침인사 입니다.

또 하나 더 들 수 있는 사례입니다. 벽돌공이 있어요, 지나다 한 사람에게 물었어요. 뭘 하고 계시는가요? 돌아오는 답이, 벽돌 쌓고 있어요. 또 한 사람에게 물었어요. 뭘 하고 계시는가요? 교회를 짓고 있어요. 전자는 분명 구체적 사고형이고, 후자는 개념적 사고형일 겁니다.

자, 우리의 사례로 한번 실습에 들어가 볼까요? 나나 우리는 코더, 코딩 팀이 되겠습니다. 바로 여러분이십니다.

시트4 실습(아래 설명이 끝난 후 종이를 나눠준다)

일의 도모는 나로부터 시작합니다. 내가 원자재를 활용해서 고객이나 이해당사자에게 도달하고, 그네들의 생업 공간에서 내가 노력해서 일 성취를 이루는 방식의 패턴입니다. 여기에서 핵심은 역지사지, 네가 내 입장이 돼봐!

그러니 우리의 코딩 설계도 여기서 벗어날 수가 없답니다. 고객, 이해당사자의 생업공간에서의 애로사항을 해결해주는 답을 찾는 것이 곧 나의 노력의 장이 되는 게지요. 거기서 출발하면, 우린 일 도모가 잘못 설계가 되어 배가 산으로 가는 일을 미리 예방할 수 있습니다.

--------- 질의응답과 10분간 휴식 ----------

다음 2번 구간 REASONING입니다.

경영학의 아버지라 불리는 피터 드러커라는 이가 있습니다. 1954년도에 목적지향 경영(Management By Objectives)이라는 이론을 내어서 크게 히트했습니다. 모든 경영 활동들이 이 기업 목적을 지향하는 틀을 맞추어 내다보면, 크게 성과를 올리게 된다는 내용입니다.

반면에 저희 개념훈련은 콘셉트 경영(Management By Concept)을 주창하고 있습니다. 감성과 지성을 이어주는 놈은 개념이고, 이 "개념을 잘 세워내는 규칙을 찾아내는 일"이 경영에선 그 무엇보다 중요하다는 입장입니다.

저희랑 비슷한 견해를 밝힌 이가 있었어요. 데일 카네기라는 분인데, 흔히 우리가 화장실에 가면 포스트가 붙어 있는 걸 볼 수 있어요. "큰일 보고 나면, 작은 일은 절로 해결을 보게 됩니다." 이게 개념을 얘기한 겁니다. 중요한 한 두 개를 챙기면 된다, 나머지는 아예 근처도 못 오게 해라. 이쯤의 표현이죠.

기실 우리가 살아가는 경영 현장은 시시각각으로 변하고 있는 전투 상황입니다. 여기서는 일일이 목적을 세운다기보다는 그걸 개념적으로 접근하는 게 훨씬 유리합니다. 내 고객, 이해당사자가 처한 상황에서 내가 그네들에게 지혜로운 판단이 서게 해준다거나, 활용도를 높이 올려줄 수 있다면, 나로선 해피하지 않을까요? 그게 제가 코딩하는 목적이니까요. 다만, 누가 내 고객인지는 먼저 결정을 보아야 할 것입니다.

1번 구간 FINDING입니다.

왜 이 개념훈련을 우리가 해야 할까요? 어떤 이유가 있을까요? 우리가 학교에서 찾을 수 있는 거라면 족할 거 같습니다. 학점, 취업, 창업이 여러분 관심인가요? 거기에 자기계발, 역량강화 등의 이슈면 만족하시나요?

좀 더 가치 있는 삶을 여러분 추구하고 계신 분은 없으신가요? 그래서 그로 인해 자신 삶의 동력이 점화되고 에너지가 솟아나는 그런 분 혹, 안 계시나요?

Boys be ambitious라는 말이 있습니다.

꿈을 크게 가지시면, 우린 힘이 솟고 그로 인해 더욱 가치 있는 세상을 만들어가는 데에 일조할 수 있답니다. 이 개념훈련이 여러분의 방편이 되었을 때, 여러분이 자라고, 목표도 차츰 달라져 가는 걸 볼 것입니다.

제가 그랬으니까요.

5번 구간 REFERENCE입니다.

우선은 떠 올려볼 수 있는 사례가 학점, 취업, 창업, 자기계발, 역량강화 등의 이슈입니다. 맞나요?

1. 학점관리

악착같이 챙긴 사람과 그렇지 않고 자기가 공부하고 싶은 걸 꾸준히 학습한 사람이 있습니다. 누가 대학생활을 잘한 걸까요?

2. 취업, 창업

제가 여기 와서 놀란 것이 사회에선 아무리 창업을 떠들어도 대학에선 아직은 취업이 대세라는 겁니다. 아마도 부모님들이 자녀의 직업관엔 보수적이라는 걸 보여주는 듯합니다. 하지만, 제가 드릴 수 있는 분명한 사실은 기업에 취직하려면, 남다른 역량을 보여줄 수 있어야 하며, 그건 기존에 우리가 생각해오던 역량이 이젠 아니라는 겁니다. 관건은 여러분의 창의, 의사소통, 개념 역량에 달렸다는 게 사실입니다.

3. 자기계발, 역량강화

우린 돈의 노예가 되어 살아갑니다. 둘러 보면, 다들 그렇습니다. 하지만 어떤 지혜로운 사람들은 더는 돈의 노예가 되어 살아가지 않아도 되는 사람들이 있습니다. 이들은 오히려 돈을 다스리고, 지배하며 살아갑니다. 그들은 무엇이 있어서 그럴까요? 예, 바로 자신만의 원펀치가 있기 때문입니다. 개념훈련이 여러분의 자기계발과 역량강화를 이루어내는 원펀치가 되어 드릴 것입니다.

4. 블록체인 기술이 회자되고 있습니다. 하나의 정보를 만들어내어 몇 곳에다 나누어서 보관하다 보면, 우린 해킹의 위험 같은 것에서 해방될 수 있다는 철학입니다. 우리 같으면 새 개념을 한 꼭지씩 만들어 냈을 때, 그걸 두 곳 이상에다 올려서 관리하게 되면 그 철학의 목적을 달성하는 게 되지 않을까요? 그 블록체인 철학을 객체구현 해내어서 개념훈련 해내는 데에다 적용하면 되는 겁니다. 그러다 나중에 가서 블록체인 모듈이 등장하게 되면, 그 모듈을 가져와 붙이면 우리의 시스템이 블록체인이 되어 돌아가는 겁니다. 객체지향이 좋은 점이 바로 언제든 갖다 붙이면 돌아간다는 철학 때문이지요. 안 그래요?

6번 구간 FINALIZE입니다.

6구간은 결론을 지어주는 구간입니다. 주제가 "추상(abstract)에서 융합(convergence) 규칙 찾기"입니다. 쉬운 말로는 딱 중요한 것 두 개만 챙깁니다. 나머지는 다 버립니다.

우린 여기서 오늘의 결론을 도출해낼 수 있겠습니다. 뭐죠? 그림으로 한번 그려 볼까요?

시트12 단체실습

앞의 시트4 실습을 해서 찾아낸 목적기술구조도를 갖고서 우린 사회에 무슨 가치를 가져다 줄 수 있다는 걸까요? 그게 why가 되겠고, 그걸 이루어낼 수 있게 해주는, 즉 그 가치 달성을 가능케 해주는 수단이 있다면, 그게 how가 되겠습니다. 그게 우리 경우엔 뭘까요?

Why? 각 팀별로 달리 목적이 나왔으니, 이것도 각기 달리 나올 것입니다.

How? 하지만, 그 달성 수단에서는 모두가 하나같이 개념훈련이 들어가지 않을까요?

어지러워 보이기만 하는 세상이지만 우리 정신 차리고 들여다보면, 내 인생에서 가치 있는 딱 한두 개만은 챙길 수 있답니다. 여러분은 그게 무엇으로 나왔나요?

이젠 그걸 잘 키우고 드러내는 역량을 개념훈련으로 한번 키워보세요. 지혜롭게 세상을 살아가는 비결입니다. 물론 그게 여러분이 지금 배우고 있는 코딩을 할 때에도 남다른 역량을 보여줄 수 있는 첩경이기도 하지요.

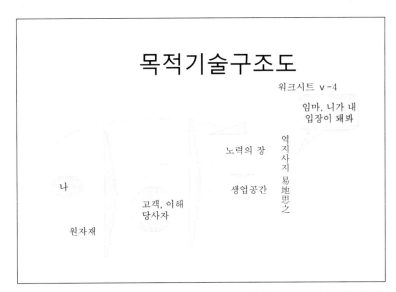

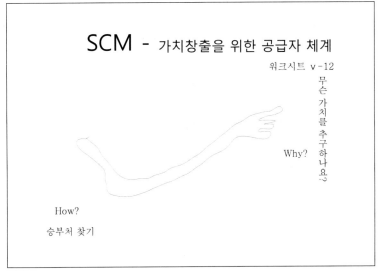

시트 6, 9 [우리에겐 무엇이 있어 남다르게 할 수 있다는 걸까?]

포지셔닝(Positioning) 이슈

코딩 배우는 사람에게 무슨 차별화 전략까지 얘기하느냐 하겠지요, 맞나요?

그 이유는 뭘까요?

코더가 수고했으나, 그 결과가 일정 이상의 성과를 올리지 못하고 만다면, 그건 우리의 존재가치를 잃는 게 아닐까요? 그럼, 그 의뢰인은 다시는 저희를 찾지 않을 겁니다. 의뢰인은 이유 여하를 막론하고 결과만이 강하게 인상에 남게 됩니다!

요는 우리의 서비스 품질(quality)이 중요하고, 그건 남다른 차별화(differentiation)에서 시작합니다.

5일 10시간 강의 세 번째 날입니다. C.T.AB 포지셔닝, 경쟁지각도

먼저 3, 4번 구간 CONTRAPOSITION에서 시작합니다.

남들 다 하는 데에서 승부하는 것처럼 어리석은 일은 없습니다. 하지만, 남들 다 해내는 수준을 기본이라도 맞추어내지 못한다면 그땐 또 의뢰인은 우릴 찾질 않습니다. 무엇을 말하나요?

예, 여기서도 우린 추상(abstract)을 구해야 합니다. F1, F2에다 승부하는 거지요. 나머지는 다 빼 버리고 싶습니다. 하지만, 빛이 밝히지를 못하면 어찌합니까? 소금이 맛을 내지 못하면 무엇 하러 넣을까요? 코딩이 기본적으로 서비스해야 하는 걸 못한다면, 그건 그 시장에서 퇴출당하고야 말 테니, 그건 기본은 해야 하는 겁니다. 그게 범주(category)입니다.

좌에 STP, 우에 C.T.AB를 위치하게 하고선

곧바로 C.T.AB 설명에 들어갑니다.

우린 어느 비즈니스 모델이건 간에 다음의 세 가지로 분류가 가능합니다. 그리고 거기서 처음 사업을 시작할 때엔 어느 하나에다 선택, 집중해야 성공적인 BM 론칭이 가능해진다는 것을 너도, 나도 얘기합니다.

제품선도형(Product Leadership, PL): 제품에서 최고의 품질로 승부한다.

운영효율형(Operational Effectiveness, OE): 운영 효율 면에선 날 따라올 자가 없다.

고객밀착형(Customer Intimacy, CI): 내 고객은 내가 제일 잘 안다.

그렇다면, 우리 코딩 팀은 과연 위 셋 중에서 어느 차별화를 지향하고 있을까요? 그걸 우리 시트의 규칙에 맞추어서 한번 들여다볼까요?

시트6 팀별 실습(먼저 종이를 나눠 준 후, 아래 설명에 들어갑니다. 40분 소요 예정)

먼저 필요성입니다. 내가 속한 범주 시장에 경쟁사가 있나요? 누구죠?

다음, 차별성입니다. 우리 코딩 팀은 무엇에서 그네들 서비스랑 다르다는 걸까요?

또 유형성입니다. 타깃 고객이 누구인가요? 그들에겐 어떻게 다가가죠?

마지막 브랜드입니다. 우리의 브랜드는?

포지셔닝 서술문을 한번 작성해볼까요?

돌아보면, 우린 _____ 에서 차별화 전략을 노리고 있다 하겠습니다. 맞나요?

--------- 질의응답과 10분간 휴식 ----------

다음 2번 구간 REASONING입니다.

흔히들 포지셔닝을 STP 전략 중 하나인 것(Segmentation, Targeting, Positioning)으로들 잘못 알고 있습니다. 미국의 와튼스쿨 두 분 교수(Rositor & Percy)가 이를 뒤엎었고, 지금은 포지셔닝의 정설로 자리를 잡았습니다. 유독 한국에서만 이 고전인 STP를 여니 마케팅 책에서나 드러내고 있습니다. 하지만, 우린 이를 시정해서 포지셔닝을 제대로 해낼 수 있어야 하겠습니다. 바로, '카테고리를 먼저 살피고, 차별 속성편익을 살피고, 타깃고객에게 다가가는 방안을 연구'합니다. 그리고 이 모든 활동은 동시에 이루어져야 포지셔닝이 제대로 되는 겁니다. 각기 따로 해선, 현실에서 전혀 작동하지 않기 때문이지요.

1번 구간 FINDING입니다.

필자는 수도 없이 반복해서 이 C.T.AB 포지셔닝 방식을 활용해 멘토링을 해왔습니다. 이건 정말 마케팅의 진수라고 일컬어도 전혀 손색이 없는 명작입니다.

5번 구간 REFERENCE입니다.

1. 여러분이 취업할 때엔 자신의 소개서를 작성해내고 인터뷰를 합니다. 거기서 여러분을 어떻게 드러내실 계획인가요? 여러분의 원펀치가 무어라고 자신 있게 얘기할 수 있으시나요? 혹, 거기에 이 개념훈련이 들어가면 어떤 유리한 점이 있을까? 단순히

코딩만 잘하는 사람이 아닌, 기업에서 꼭 필요로 하는 사람이 될 거라는 데에 생각이 닿지 않으세요?

융합사회에서 개념훈련이 엄청난 괴력을 발휘할 수 있다는 사실을 지금 지켜보고 계신답니다.

2. 전 LG-CNS에서 삼 년을 근무한 적이 있습니다. 그러면서는 이후에 쭉 한 이십 년간을 이 회사 경영진을 통해서 이네들이 늘 갖고 있던 고민거리가 이 의뢰인과 개발자 간에 의사소통이 너무도 어렵기만 하다는 거였다는 걸 알고 있습니다.

이 둘 간은 영원히 만나지 못하는 열차 선로와도 같이 평행선이기만 합니다. 이걸 해소시켜줄 방안으로 나온 게 바로 개념훈련입니다.

3. 창업을 생각해보시나요? 이젠 대학에서도 너도, 나도 창업을 얘기하는 사람들이 많아지고 있습니다. 대학 당국에서도 그들을 위해 교육 프로그램 및 각종 지원책을 마련하고 있고요. 그렇지만, 이 모든 교육에서 우선적으로 들어가야 할 교과목이 바로 우리가 배우고 있는 이 '융합사회와 개념훈련'이라고 생각이 들지 않으세요?

6번 구간 FINALIZE입니다.

시트9 실습

엑셀 시트를 보드에다 그립니다. 그리고는 F1, F2, F3, F4와 B1, B2, B3를 각기 정해봅니다.

B1은 단국대생, B2, B3엔 숭실대생, 서울대생

F1엔 개념역량

F2엔 의사소통

F3엔 전공지식

F4엔 코딩역량

숭실대, 서울대생에 비해 단국대생인 여러분은 F1, F2에서 월등한 점수를 따면 되지 않을까요? F3, F4에선 어쩌면 여러분이 그네들 보다 좀 떨어진다 하더라도, 기업에선 귀하를 뽑을 겁니다. 그리고 창업시장에서도 여러분을 귀히 보게 될 것이고요.

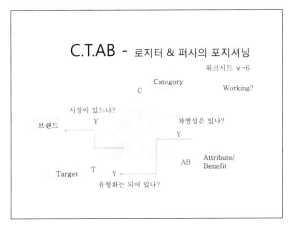

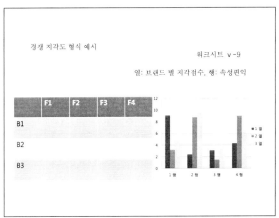

시트 2, 13 [창의와 집단지성을 이루는 나머지 두 가지 툴]

주체의식 vs 객체의식 이슈

온통 세상은 창의니 집단지성을 구하고 있습니다. 하지만 우리 인류는 그 자질에서 한참을 못 미치고 있어 보입니다. 세상은 4차 산업이니 해서 저만치 기계는 앞서가고 있는 형국이지만, 우리 인류는 한참을 뒤 떨어져 따르고 있습니다. 도무지 무엇이 문제일까요? 그렇습니다, 요는 우린 매사에 너무 개념이 없기 때문이지요. 창의(Creative)에서마저도 우린 개념이 제대로 서 있질 않습니다.

너도 나도 이젠 콘셉트의 시대라 합니다. 하지만, 사람들은 콘셉트를 어떻게 찾아야 하는지 전혀 감들을 못 잡고 있는 게 또한 현실입니다. 저희가 과감히 이 창의, 집단지성, 콘셉트 역량을 하나로 엮어서 교육훈련 해낼 수 있다고 선포하고 나섰습니다. 이름하여 개념훈련(Concept Training)이라 합니다.

5일 10시간 강의 네 번째 날입니다. 효율적인 회의진행, 힘의 삼원칙

먼저 3, 4번 구간 CONTRAPOSITION에서 시작합니다.

우린 두세 사람이 모이게 되면, 그저 자기 고집만을 피우는 이상하게도 나쁜 유전자를 갖고 있습니다. 외국인들이 한국 들어와서 오랫동안 생활하다 보면, 이게 눈에 보이는 모양입니다. 자기네들은 그렇지를 않거든요. 그네들은 남을 인정합니다.

우린 이 자기밖에 모르는 주체 의식(subjective)을 바꾸어서 남을 인정하는 객체 의식(objective)으로 바꾸어내야만 우리 한민족에게도 미래가 있다는 주장을 전 펼쳐오고 있습니다. 즉, 주체의식 vs

객체의식에서 그 해법을 찾습니다.

참고로 한 외국인 기자가 한국서 11년 기자생활을 하다 떠나면서 얘기한 한국인의 단점 네 가지 중 하나입니다. "셋째는 한국인들은 인간관계에서 질 줄을 모른다는 지적이다 타협을 모르고 양보를 패배로 생각하며 흑백논리에 접어든다는 지적이다."

시트2 실습(먼저 종이를 나눠 준 후, 아래 설명에 들어갑니다)

회의를 진행하기 전에 미리 이 4P, 4R을 살피시라는 주문입니다. 그럼, 그 회의가 더 이상은 배가 산으로 올라가질 않는답니다.

4P - Purpose, Product, Preparedness, Process

4R - 사회자, 서기, 출석자, 촉진자

여기서 사회자는 자기 의견을 내지 않도록 조심해야 하고, 그 회의에서 원만한 결과를 내기 위해선 꼭 필요로 하는 분이 이 촉진자입니다. 대개는 그 회의 목적에 동기부여를 해줄 수 있는 직책이나 역량을 갖춘 분으로 모십니다.

우리 한 테이블씩 나누어서 실습에 들어가겠습니다. 일단 무슨 공통 주제든 하나를 선정하세요. 그리곤 진행해보세요. 그렇지 않고, 우리가 여태 해오던 주먹구구 방식과 어떻게 그 결과가 달리 나오는지를 한번 지켜보시기 바랍니다.

--------- 질의응답과 10분간 휴식 ----------

다음 2번 구간 REASONING 입니다.

1989년엔 제겐 아주 충격적인 창의력과의 만남이 있었습니다. 그 당시 전 LG그룹 CNS에서 과장으로 근무하고 있었는데, 우연히 그룹 인화원이 출범하고 거기서 '창의력 개발과정' 교안 개발과 강사 요원을 모집한다는 공고를 보고선 망설이지 않고 지원했습니다. 거기서 놀라운 창의력 훈련의 세계를 접했습니다. 그리곤 제 평생을 두고선 그걸 연마해왔습니다. 그 결과물로 나온 것이 지금의 개념 훈련입니다.

미국서 들어온 Dr. Allen Silverthorne이란 분의 콘텐츠입니다. 자신이 Public Policy OE specialist, Charles Clown Consulting Group 신분이라 소개 들었습니다. 그 당시 52세라 하더군요. 여덟 스텝이 있고, 그걸 순차적으로 밟다 보면, 누구나 창의력이 증진되어 자신이 하고자 하는 일에 좋은 결실을 맺게 될 거라는 내용입니다. 그 여덟 스텝입니다.

1. Appreciation - 일에 대한 체계적 사고, 철저한 이해와 적절한 평가를 요함

2. Focusing - 이노베이션 기회의 식별 및 분석방법

3. Stimulating - 자신의 마인드를 아이디어로 채움, 여기에서 문제 해결 방안을 추구하고, 자기 자신의 창의력에 자극을 부여

4. Incubation - 해결해야 할 문제를 잠정적으로 내버려 두고 무의식적으로 문제해결에 종사케 하는 단계

5. Inspiration - 문제와 아이디어 간의 관계를 인식(아이디어 출현에 대한 인식능력 제고), 아이디어 출현 시 기록하는 습관(마음이 열리면 아이디어가 출현)

6. Verification - 아이디어에 대한 테스트 및 검정, 아이디어 테스트 방법 학습

7. Innovation - Preparing for change through understanding the resistance(변화에 대한 저항, 아이디어에 대한 저항), Changing management를 통한 저항 극복, 저항 분석 및 저항 극복 방법 학습

8. Implementation - Leading and organizing implementation process, Implementation system model에 대한 실습

어때요, 뭔가가 좀 전문적이라는 느낌이 들지 않으세요? 이렇게 우린 창의적으로 되기 위한 스텝을 순차적으로 밟아 가면서는 우리의 팀 조직이 진화해나가는지를 확인해볼 수 있답니다. 이걸 30년 전에도 이미 여러 세계 유수 기업들이 창의력 훈련(Creativity Training)이란 이름으로 교육 받고 있었다 합니다.

한국서 영남대학교 박재호 교수님이 그리고 인화원에선 어윤태 부원장님이 개런티 하셨으니, 웬만큼은 입증된 분이요, 이론이라 사료되었습니다. 무엇보다 제 자신이 이 방식으로 지난 세월 30년간을 지속적으로 연마하며, 제 비즈니스에 활용해왔습니다. 그리하여 탄생한 것이 이 개념훈련(Concept Training)입니다.

1번 구간 FINDING입니다.

창의, 집단지성, 콘셉트는 하나의 맥을 갖고 있습니다. 영어로는 Creative, Collective Intelligence, Concept라 각기 부릅니다. 창의는 남다른 생각이 떠오르는 걸 말합니다. 집단지성은 그런 사람들이 서로 간에 의사소통 해내는 걸 말합니다. 콘셉트는 그 의사소통이 원활히 되게 하기 위해선 어떤 서로 간에 통용되는 창(窓)을 가꾸는 것이 필요하다는 측면입니다. 그러니 이 셋이 하나가 되어 묶여서 돌아간다면, 좋은 교육훈련 프로그램이 될 거라는 생각에서 애초엔 출발했습니다. 어떤가요?

특별히 우리 한민족에겐 부족한 것이 이들 유전자인 걸로 사료됩니다. 미국이나 중국 같은 데에선 이런 특별한 교육훈련이 그리 심

각하게 이슈로 등장하질 않는 걸로 압니다. 그건 그네들이 그런 소양들을 이미 잘 길러내고 있기 때문일 겁니다. 우리와는 다르지요. 그래서 전 여기에다 제 인생의 모든 걸 걸었습니다. 우리의 약점을 강점으로 한번 바꾸어내어 보겠다는 뜻을 세웠습니다. 그리고는 한 십오 년이 훌쩍 지났습니다.

지금 와서 보면, 이런 상형문자 같은 워크시트 0-18쪽을 만들어내어 의사소통 해내는 창을 갖게 되었다는 것이 어쩌면 엄청난 수확을 거두어낸 걸로 사료됩니다. 제가 상상했던 것 이상으로 우릴 부국강병으로 이끌 수 있는 견인차가 될 수 있겠다는 생각입니다. 우린 그 누구도 갖지 못한 새로운 언어를 갖게 되었고, 그건 BMDL(Business Model Developing Language)이라는 새 카테고리를 열어갈 거라는 것이 지금 와서 갖는 제 직관입니다. 이번에 대학 강좌를 들어가면서는 또다시 여섯 구간으로 나누어서 교육 콘텐츠를 개발해내는 방식을 찾아낸 것도 다 이 상형문자 식의 규칙을 추상(abstract)해내는 접근방식에서 가능했던 걸로 여겨집니다. 우린 이제 우리의 의사소통을 자유자재로 원활하게 해주는 신개념의 Business Programming Language를 만들어낼 수 있게 된 것 같아 보입니다.

5번 구간 REFERENCE입니다.

1. 자기계발, 역량강화에 원펀치를 갖게 해드립니다. 창의, 집단지성, 콘셉트를 마음대로 주무를 수 있게 해드리는 교육훈련을 받아 보셨나요? 여기에 있습니다. 여러분의 대학 생활을 활기차고 행복하게 인도해줄 것입니다.
2. 앞으로 기업에 들어가서도 귀하께서 한 번 익히기 시작한 이 개

넘훈련(Concept Training) 습관은 바뀌지 않을 겁니다. 오히려 더욱 진화해나갈 거고, 귀하가 소속한 기업에서도 마음껏 나래를 펼칠 수 있을 겁니다. 미래의 세상은 여러분이 주인공이 될 것임이 틀림없어 보입니다.

3. 취업이나 창업에 단연 여러분은 유리해집니다. 남들이 갖지 않은 원펀치를 갖게 되니까요.

6번 구간 FINALIZE입니다.

새 언어를 쓰는 신 인류의 등장입니다. 이제 창의, 집단지성, 콘셉트를 마음껏 주무르면서 의사소통 해낼 수 있는 최초의 신 인류가 되신 겁니다.

시트13 실습

우린 언제든 나와는 상반된 의견을 갖는 이들이 있다는 걸 발견했을 때 처음엔 놀랍니다. 하지만 점차로 그걸 받아드리기 시작하면서는, 그럼 과연 우리가 어떻게 이들과 같이 조화롭게 이 세상을 살아갈 수 있을까를 고민하기 시작합니다.

간단합니다. 기록하면서 대화를 나누어 보세요. 그럼 자연스럽게 힘이 작동해서 제3의 조화로운 해법을 찾아내는 걸 보시게 된답니다.

마음 문을 열고서, 상대를 이해하려고 서로 노력해보세요 그게 전부입니다.

우리 공통의 관심사를 하나 같이 떠올려 볼까요?

그럼 이걸로 우리 힘의 삼 원칙 실습에 들어가 보겠습니다.
어땠나요, 화의 해법이 잘 나왔다고 생각되세요?

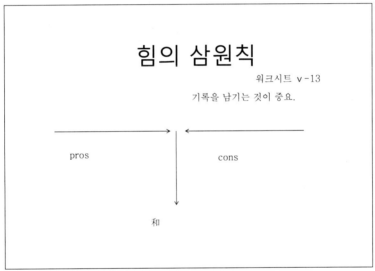

시트 15, 18 [내가 만드는 프로그램이 사람들과 어떻게 소통해 내게 할 순 없을까?]

지속가능경영이 목표

융합(Convergence) 이슈

내 경우엔 기업 경영을 하면서 제일 크게 벽에 부딪혔던 것이 마케팅이었다. 그래 나중엔 숫제 이 마케팅 박사과정에 들어가서 공부했었고, 지금에 와선 온전히 한계를 극복한 걸로 보인다.

이공 계통에서 일하는 사람들에게 제일 필요로 하는 것이 마케팅과의 균형감각이다. 우린 코딩 해낸다 하지만 그건 순전히 마케팅 요구 때문에 발생한 니즈가 대부분이다.

마케팅과 코딩 이 둘을 하나로 연결해낼 수 있는 채널을 평소에 관리하고 있어야 우린 균형감을 잃지 않는 것이다.

5일 10시간 강의 다섯 번째 마지막 날입니다. 펌프 프라이밍 전술, 객체 모듈로 구현

먼저 3, 4번 구간 CONTRAPOSITION에서 시작합니다.

좌에 기존 코더들이 코딩하는 방식이 그리고 우에 개념훈련이 코딩 해내는 방식이 대비되게 합니다. 각기 성격을 한번 구분해서 들여다볼까요?

좌

마케터와 코더가 각기 별개의 다른 사람. 한쪽에선 의뢰하고 다른 쪽에선 개발한다.

알고리즘을 만들어내고, 포지셔닝을 해내는 이 두 가지 일은 좌뇌와 우뇌의 전형적인 만남이라 이 둘은 영원히 평행선을 긋는 의

사소통이 참으로 어려운 작업이다.

우

마케터와 코더가 동일한 사람. 둘이 하나가 되어 스스로 의뢰하고, 개발한다.

알고리즘을 만들어내고, 포지셔닝을 해내는 두 가지 일을 동일한 한 사람이 작업하게 되니 중간에 의사소통이 안 될 리가 없는 쉬운 작업이 된다. 다만, 이 좌뇌 우뇌를 한 사람이 학습훈련을 통해서 자기 내부에서 의사소통 해내게 해야 한다는 것은 어렵기만 한 일이다. 그걸 이 저희 개념훈련이 극복해내어 드린다는 약속입니다.

어떻게? 이렇게 글짓기를 프로그래밍하고, 콘텐츠를 회원님들과 함께 공유함으로써(이게 시행착오를 현격하게 줄여줍니다) 그게 가능해졌다는 걸 지금 보여드리고 있습니다(한가운데 밑에다 우리가 익히 아는 사례를 하나 올려드립니다).

전 이 균형감각을 잃지 않기 위해 그럼 어떻게 해내고 있다고요? '아이부스' 페이스북 페이지와 '개념훈련' 그룹이 그 채널 역할을 하고 있답니다. 제가 여기서 하고 있는 일은 'iBooth.net'이라는 비즈니스 모델을 하나 개발하는 일입니다. 물론 회원님들이 비엠 개발하시는 걸 도와드리기도 하지요. 여러분께서도 이런 채널을 하나쯤 관리하시는 것이 평소에 자신의 마케팅 균형감각을 유지하시는 데에 크게 유리하다는 건 당연하지 않을까요?

전 거의 매일 새벽녘이면 일어나 이 채널에 한두 꼭지의 글을 지어 올립니다. 다른 말로는 이게 마케팅이요, 동시에 코딩을 하는 성격의 일이지요. 그래서 아예 제가 하는 이 글짓기 활동을 전 "객체모듈로 구현한다."라고 부릅니다. 개념훈련(Concept Training)에서 한 걸음 더 나아가 '객체구현(Object Creation)'이라는 새로운 카테고리를 열었다고 보는 겁니다. 기존의 코딩 언어를 사용하지 않고서도 프로그래밍이 얼추 가능해졌다는 걸 느낍니다.

우린 코더를 통하지 않고서도, 스스로가 프로그래밍을 해낼 수 있다는 겁니다. 어떨 때? 코딩을 할 수 있는 알고리즘만 잘 알게 되면 그게 가능하답니다. 배가 산으로 올라가는 일을 예방하기 위해선 마케팅 지식도 얼마간은 필요합니다. 이 둘이 같이하는 효과를 보게 되니, 중간에 코더를 통해서 프로그래밍을 하는 것보단 훨씬 더 효과적인 비즈니스 개발이 가능해지는 거지요.

코딩을 배우는 여러분 가운데에서 이런 객체구현 해내는 노하우를 익히게 되면 그 얻게 되는 효과는 실로 거대할 걸로 사료됩니다. 그분은 비즈니스를 코딩 해내는 최초의 인류가 되는 겁니다. 그 결과, 뛰어난 코더가 되시는 건 물론입니다.

시트15 실습(먼저 아래 상황을 설명하고서, 종이를 나눠 줍니다)

제가 무척이나 어려운 얘길 여러분께 들려드렸나요? 이제 좀은 쉬운 실습에 한번 들어가 보겠습니다. 영어로는 펌프 프라이밍, 한국말로는 마중물 전술입니다.

펌프를 저어 보셨나요? 처음에 마중물을 좀 부어주고는 레버를 저어야 물이 올라옵니다. 그게 세상 일을 도모할 때에도 동일하다는 이치입니다. 약간은 투자를 처음에 아끼지 말아야 하지요.

우리가 여태껏 보아온 것은 코딩을 잘 하기 위한 전략이었습니다. 이 전략이 작동하게 할려면, 우린 몇 가지 전술이 먼저 가동되어야 한다는 겁니다. 제가 한 이십 년 기업경영을 해오면서는 찾아낸 것이 다음의 세 가지입니다. 품질단서, 색조화장, 유인책

품질단서(quality clue) - 우리가 코딩 해서 만들어내는 콘텐츠가

어떻게 해서 품질에서 뛰어나다는 것을 보여줄 수 있을까요?

색조화장 - 딸을 키워서 시집 보낼 때엔 약간의 투자를 해서 최고의 신부감으로 포장을 좀 할 필요가 있나요?

유인책 - 물고기들이 찾아오게끔 약간은 미끼(bate)를 던져볼 수 있을까요?

팀 별로 일정한 비즈니스 아이템으로 주제를 하나씩 선정하셔서, 이 셋을 한번 찾아보시기 바랍니다.

나와서 발표 해주실까요? 어때요, 여러분이 찾아낸 전술이 잘 작동할 거 같으세요?

--------- 질의응답과 10분간 휴식 ----------

다음 2번 구간 REASONING입니다.

학부 때에 법대를 나온 제가 석사를 미국 가서 컴퓨터 사이언스를 하고, 다시 한국선 나이 오십이 넘어서 마케팅 박사과정을 수료했습니다. 참 기이한 행적이 아닐 수 없겠죠? 그 사연은 이렇습니다.

대학 때에 고시를 몇 차례 쳤으나 낙방만을 거듭했던 전 그만 군에 입대합니다. 마치고 나와선 기업에 들어갔으나 고시 생각을 떨칠 수가 없어 다시 수험생 신분으로 돌아갑니다. 다시 낙방하고 하는 수 없이 포기하고 지금의 금감원에 입사 지원해서 들어갑니다. 근데 거기서 맡은 책무가 점포 인허가. 이런 중차대한 일을 하려면 데이터가 잘 받쳐줘야 하지만, 그게 수작업으로 이루어지고 있는 현실에 제가 이의를 제기합니다. 이런 일은 컴퓨터로 해야 해요. 그래 81년도 예산 편성 때에 2천만 원이 제게 배정되어서 그 일을 전산화 작업해내기 시작합니다. 법대 나온 제가 할 일이 아니라고 했지만, 막무가내였습니다. 2년간 작업해서 어느 정도는 틀이 잡힌 것을 확인한 전 여기서 제 인생의 승부를 한번 걸어보려고 과감한 도전에 나섭니다. 사표를 던지고서 미국 유학을 하고, 거기서 컴퓨터 사이언스 석사까지 마칩니다.

미국 생활 4년 동안에 제일 인상 깊었던 교수님이 Peter Laws 교수입니다. C 랭귀지를 공부하는 첫 시간에 들어오신 노 교수가 가르치는 내용이 너무 정결한 겁니다. 거기서 우린 많은 시사점을 발견할 수 있었는데요, 그건 그분이 알고리즘을 찾는 지식만을 우리에게 전수했던 걸로 기억합니다. 나머지는 우리가 다 알아서 할 수 있으니, 그저 이해하기 어려운 알고리즘만을 가르쳤던 걸로 기억합니다. 일리노이 벨랩에서 C 랭귀지 개발 프로젝트에 처음부터 참여하셨던 노 교수님의 이 강의는 저로 하여금 프로그래밍에 대한 인상을 강력하게 심어 주었습니다. 아, 프로그래밍은 결국 알고리즘이구나.

이후에 한국 들어와 줄곧 기업에 종사하다, 느지막이 전 서강대 대학원에서 자바 랭귀지를 7년간 가르친 적이 있습니다. 그때도 전 코딩에선 알고리즘이요 개념이 먼저 서는 게 무엇보다 중요하다는 걸 늘 강조했습니다. 돌아가는 듯해 보이지만, 정도를 밟는 게 결국엔 왕도라는 걸 제 스스로가 너무도 잘 알기 때문이었습니다.

1번 구간 FINDING입니다.

전 직장 생활과 기업 경영을 거듭한 끝에 나이 오십이 넘어서는 마케팅 박사과정에 들어가게 되었습니다. 집에서 가까운 걸어서 늘 산책하던 곳에 숭실대가 있었고, 한 날은 거길 들러서 지도교수 되시는 분을 만나 보고선 입학을 결정했습니다. 근데 이게 의외로 왕근이(대어)를 만난 겁니다. 마케팅 콘셉트의 대가 김근배 교수님을 지도교수로 모시게 되었습니다. 이분의 개념역량은 정말 내공이 깊었습니다. 미국 와튼스쿨 로지터 & 퍼시 교수에게서 수학하신 보기 드문 정통파를 만난 겁니다.

때마침 그분이 컨셉 크리에이터라는 책을 낸다고 교정 보는 일을 제가 맡아서 깊숙이 동참하게 되었고, 거기서 전 제대로 된 콘셉트 역량을 기를 수 있었습니다. 거기다 전 기업 경영을 한 이십 년 해 왔죠, 또 남들 잘 안 한 소프트웨어 코딩을 거의 평생을 해온 바였으니, 이 마케팅 콘셉트가 제게 가져다 준 영향은 실로 엄청난 충격이었고, 남다른 결실을 보게 했습니다.

이렇게 해서, 전 코딩과 마케팅을 공히 석·박사 전공을 한 이가 되고 말았습니다. 아마도 국내에선 보기 드문 케이스라 할 겁니다. 이게 저로 하여금 다시금 한 차례 더 큰 시야를 보게 해준 걸로 사료됩니다. 지금은 이 둘의 융합(Convergence)은 물론이고, 그 누구도 넘본 적이 없을 것으로 여겨지는 한 비즈니스 프로그래밍 랭귀지 BPL 개발을 제가 구상하게 되었습니다. 아마도 좋은 결과가 나중엔 나올 걸로 짐작하고 있습니다. 그때면 세계가 저희를 주목하지 않을까요?

5번 구간 REFERENCE입니다.

애초에 제가 약속했던 학점, 취업, 창업에 희망이 보입니까? 자기계발, 역량강화에 자신이 생겼나요?

귀하께서도 성공사례를 하나씩 만들어내어 가 주실 수 있으시겠죠?

6번 구간 FINALIZE입니다.

우리도 품질단서며, 색조화장이요, 유인책으로 작동할 수 있는 채널을 하나씩 확보해 코더와 마케터로서의 균형감각을 평소에 한번 키워내어 볼까요?

시트18 실습

SNS의 리더격인 페이스북은 실로 놀라운 세계를 저희들에게 열어 보여주었습니다. 세상 사람들이 이 모듈 하나만 열게 되면 그 어디에 있을지라도 같이 취미와 아이디어를 나눌 수 있게 되었습니다. 지금 와선 너무 공유하는 것이 많다 보니 피로도가 높아져 그 성장세가 주춤하고 있습니다만, 아무튼 이 페이스북이 객체 모듈로 기능 구사하는 역량은 세계 최고입니다. 전 여기서 페이지 - 그룹의 조합에 주목했습니다.

비즈니스 브랜드로는 페이지가 최고입니다. 그리고 특정 카테고리 콘텐츠 관리엔 그룹이 최고이지요 최근에 나온 그룹 소셜학습과 유닛관리 기능은 제가 여태 본 중 최고의 객체 기능모듈입니다. 이들을 활용해 제가 응용해낸 아이부스 - 개념훈련 조합을 한번 자세히 들여다보시기 바랍니다. 그럼, 여러분께서도 어떻게 이 페이스북 페이지 - 그룹의 조합을 만들어서 마케터와 코더로서의 꿈을 키워낼 것인지 길이 보일 것입니다!

잠깐 한번 돌아 볼까요?

제가 여러분과 지금껏 나눈 소통은 'www.ManagementBy-Concept.com'에 가면 올라있고, 회원으로 가입하시면 모두 볼 수 있습니다. 책을 사 보시겠다고요? 『콘셉트 경영』(저자 김용찬, 2018년 원펀치 출판사). 객체구현(Object Creation)에 관심 있는 분은 거기 159쪽부터 시작하는 8장 객체구현 편을 참고하시기 바랍니다.

너희들이 내 말대로 마케팅 채널을 하나씩 한번 만들어서 운영해보렴, 정말 너희들 이공계들이 부족하기만 한 세상 트렌드와의 균형감을 잡아주는 안테나 역할을 한단다!

서울대 소비자학과에서 펴낸 2019년도의 트렌드가 '컨셉팅' 인건 혹, 아니? 그게 뭘 말하겠니? 바로 우리처럼 콘셉트를 잘 잡아내는 사람들이 세상을 리드한다는 얘기가 아니겠니? 코딩 잘하고, 마케팅 감각이 뛰어난 너희들을 기업이나 스타트업 창업 지원센터에서 왜 외면할까, 안 그래?

개념훈련을 익히고, 객체구현을 한번 실천해보렴. 너희가 바로 미래 세상을 이끌어가는 리더들이 될 거란다! 내 감히 보장하지.

5일 10시간 짧지 않았던 강의의 대단원을 마칩니다.

목표를 계량화 해서 측정치를 관리해나가야 합니다.

워크시트 v-15

유인책

품질단서

색조화장

객체지향 시스템 모델링

워크시트 v-18

어떤 이의 작업과도 잘 어울릴 수 있게끔 시스템을 구현

III

·······

객체구현 그룹

www.Donghan.com

코딩 랭귀지 스쿨을 준비합니다

시트 0-18 [3/10/20일 20시간짜리 개념훈련(Concept Training)]

첫 2시간은 콘셉트 경영이란? 특강 2시간, 그리고 나머지는 개념 훈련 유닛6에 올라있는 시트들을 하나씩 밟아가는 방식입니다. 범용 용도의 학습훈련이며, 스스로의 생각하는 소양을 깊고 넓게 만들어 주는 효과를 기대할 수 있습니다.

거기다 특정 주제를 하나 선정해서 진행한다면, 보다 유형화(有形化)를 기해볼 수 있을 것입니다.

CNS아이부스

시트 17, 18 [이게 바로 객체구현 기술]

무언가 쓸만한 것들을 발견했다면, 우린 그걸 잘 관리해서 필요로 할 때 적시에 다시 써먹을 수 있게 한다. 다들 자기 나름대로 방식을 찾아서, 활용해오고 있다.

근데, 내 경우엔 그걸 페이스북 그룹 넷, 페이지 셋으로 객체(object)로 구현해 놓고 거기에다 담아 가면서 활용한다. 그렇게 해서 탄생한 것이 가, 개, 객, 특, 컨, 프, 팔 일곱 모듈이다. 무슨 일을 도모할 때면, 거기에 해당하는 캔버스를 불러내어 거기에다 워크시트를 올려 놓고선, 비슷한 생각들을 관리해낸다. 아주 편리하다.

이 기술은 나 말고도 다른 이들도 역시 시도해볼 수 있다. 안 된다면, 내게서 약간의 지도만 받더라도 다들 쉽게 쓸 수 있는 노하우다. 난 이 노하우를 적극 이웃에게 전파하고 있다. 내가 페이스북이랑 무슨 관계가 있어서 그런 건 아니다.

먼저 3, 4번 구간 CONTRAPOSITION에서 시작합니다.

우리 오늘은 이런 이슈를 가지고 콘셉트 경영 입장에서 한번 들여다볼까요?

그림이나 자바 용어에 캔버스라고 있습니다. 우리가 창작활동을 할 때에 그걸 올려놓는 공간이라 보면 맞겠습니다. 어떤 이는 그걸 숫제 아무것도 없는 빈 공간에다 그림을 그리는 이가 있는가 하면, 또 어떤 이는 늘 계속해서 반복되는 규칙을 찾아서 어느 정도는 이미 글의 성격 범주와 의미하는 바 상형문자, 판서하는 보드 위치를 찾아서 처음부터 자리 잡게 하고선 작업에 들어가는 이들이 있습니다.

일 도모에 있어선 어느 쪽이 지혜롭다 할까요?

(좌) 현 실태

여러분은 어떻게 하세요? 옛날 과거 시험 같은 걸 영화로 보면, 숫제 백지를 나눠주고서는 거기에 글을 쓰라 합니다. 다만, 주제 하나를 던져 주지요.

그럼, 한 동안을 생각하다가 머릿속에서 대강 틀을 잡고선 우린 글을 하나씩 올리기 시작합니다. 맞나요?

(우) 개선 안

어도비 포토샵이나 세일즈포스 닷컴 같은 곳에 가보면, 우린 캔버스나 대시보드에서 무언가 틀을 잡아주려고 애쓰는 규칙이 있는 걸 봅니다. 그 규칙에 따르면, 우리가 필요로 하는 요구를 쉽게 드러나게 해주고, 그에 대한 해법까지도 나오게 해줍니다. 그런가요? 이런 걸 범용으로 일을 도모하는 경우에도 한번 우리 적용해볼 수 있을까요(한가운데 밑에다 우리가 익히 아는 사례를 하나 올려드립니다)?

여러분은 학점에 관심이 많죠? 왜죠? 한두 분 말씀해보시죠, 왜 학점에 그리 관심이 많으신가요?

A라는 학생과 B라는 학생이 있습니다. A는 계속 시험 칠 때마다 반복해서 나오는 나쁜 공부습관으로 4학년 대학생활 내내 그리 좋은 점수를 받지 못했습니다.

반면에, B는 아예 처음부터 노트를 자신이 관심 있는 키워드 별로 한 권씩 따로 사서, 거기에다 계속 반복되는 내 나쁜 공부습관을 시정할 수 있는 규칙을 맨 앞장에다 올려놓고서는 계속 그걸 들여다보면서는 학습을 해왔습니다. 물론 그 규칙은 늘 진화되어 왔답니다.

졸업할 때에 A, B는 각기 어떤 취업이나 창업 성적을 올렸을까요?

그 이후엔 그 삶이 각기 또 어떻게 달라졌을까요?

우린 이렇게 자그마한 습관 하나를 고쳐내면서도 어마하게 길이 달라지는 인생을 살 수 있는데, 하물며 우리가 일을 도모하는 좋은 습관을 길들이게 된다면 얻게 될 편익은 두말할 필요가 없질 않을까요?

다음 2번 구간 REASONING입니다.

학설이나 이론을 소개합니다.

4번 구간에서 개선안이 나온 추리입니다. 이게 과연 워킹한다고 생각되세요?

유태인 속담인 탈무드엔 습관은 처음엔 거미줄처럼 별 하찮게 드러나다 나중엔 동아줄 같이 되어 우릴 꽁꽁 묶어 꼼짝달싹 못하게 하고 만다는 말이 있습니다.

우린 평소에 나쁜 유전자를 갖고 있음을 발견하고서 그걸 고치고자 노력하나 잘 안되어 계속 반복되어 드러나는 그 나쁜 습관(유전자가 드러나는 모습입니다)으로 인해 우리의 인생이 꼬이고 만다는 걸 표현한 말이겠죠?

반면에, 좋은 습관을 하나둘 길러내게 되면, 여러분의 인생이 밝고 행복하게 변할 것임은 당연하지 않을까요?

팀별 실습 - 시트17(먼저 종이를 나눠 준 후, 아래 설명에 들어갑니다)

한 테이블이 한 조가 되어 실습에 들어갑니다. 우리 집단창의 툴 효율적인 회의진행을 배우셨죠? 4P, 4R부터 먼저 챙기고 진행하시기 바랍니다.

조별로 무슨 일이든 꼭 이루고야 말겠다는 목표를 하나씩 세우시기 바랍니다. 그리고는 그 일을 완수하기 위해서 필요로 하는 것이 있다면, 한번 뽑아내어 보시기 바랍니다.

그게 왜 필요하죠? 설득력을 1(낮다) - 10(높다)까지 구분해서 높은 숫자에 해당하는 것부터 위에서 한번 나열해 보시기 바랍니다.

팀장이 나와서 발표 해주실까요?

--------- 질의응답과 10분간 휴식 ----------

1번 구간 FINDING입니다.

우리 주위에서 이런 fact를 한번 찾아볼까요? 뭐라고 이 신 개념을 세워야 할까요?

주제나 이슈를 각기 달리하는 사안들은 평소에 범주를 구분하여 생각이나 지식을 관리해냅니다. 제 경우엔 그게 가치소통, 개념훈련, 객체구현, 콘셉트 경영 특강, 컨셉크리에이터, 아이부스 프랜차이즈, 팔하나 였습니다. 제 인생에서 달성코자 하는 목표를 달성하기 위한 일련의 키워드요 제가 만들어낸 관리하고자 하는 브랜드들입니다. 이걸 아예 페이스북 그룹과 페이지 모듈로 만들어내고 거기에다 글이나 정보를 하나씩 올려 관리해 왔습니다. 무려 십몇 년을 말입니다. 그랬더니, 어떤 현상이 일어났을까요?

숱한 시행착오를 겪은 끝에 지금은 아주 편안하게 무슨 이슈든 등장하면 '아하, 여기서 해결을 보면 되겠구나'라는 범주 체계가 잡히게 되었습니다. 거기를 들어가서 캔버스를 한 장 올려놓고 창작활동에 들어가면, 내가 놀랍도록 지혜로워졌다는 걸 느낍니다. 그렇게 해서 탄생한 것이 이 개념훈련이요, 콘셉트 경영인 겁니다.

마찬가지로, 워크시트 0-18쪽으로 소통하고, 판서 보드 1-6 구간으로 나누어서 보게 되는 습관 역시나 제가 발견해서 적용해오고 있는 규칙이고, 얼마나 제가 창의적으로 바뀌게 된 지를 여실히 확인해주고 있는 증표입니다. 상형문자와 공간활용의 지혜라 하겠습니다.

그리곤 지금에 와선, 범주별로 목표관리, 워크시트로 소통해내기, 판서 보드 구간별 접근 이 셋을 하나로 묶어내고 'Palhana BMDL'라고 이름을 붙여서 부르기 시작했습니다. COBOL, PL/I, C, JAVA, R, Python 등과 같은 비즈니스 프로그래밍 랭귀지 대열에다 올리기 위한 작업에 들어갔습니다.

좀 더 쉽게 말씀드린다면, SNS 페이스북에 대항하여 'CNS 아이부스'라는 기능모듈 개발에 들어간 겁니다. 너도, 나도 공유하는 Social이 협동에 참여하는 이들에게만 공유하는 Cooperative로 바뀐 거지요. 이게 범용 성격을 띠기 때문에 프로그래밍 랭귀지 반열에 올라갈 수 있겠다는 생각을 저희는 갖고 있습니다.

5번 구간 REFERENCE입니다.

우리의 삶 속에서 이게 적용되고 있는 사례를 보기까진 우린 꿈적도 하질 않습니다. 맞나요?

같이 한번 찾아볼까요?

앞에서 우린 이미 언급한 모듈들이 있답니다. 어도비 포토샵, 세일즈포스 닷컴, COBOL, PL/I, C, JAVA, R, Python, 페이스북 등입니다. 이들이 하나같이 공통으로 갖고 있는 속성이 무어라고요? 하나씩 한번 들여다보겠습니다.

예, 그걸 캔버스 규칙, 컴퓨터와의 소통, 범용성 등이라 할 수 있을까요?

6번 구간 FINALIZE입니다.

옆의 사례에서 우리 무얼 뽑아내어 Abstract 해볼 수 있을까요?

우린 응용 시스템을 개발할 때에, 특수한 나의 입장에서 들여다보는 모듈과 보편적인 남의 입장에서 들여다보는 모듈의 구분을 해볼 수 있을까요?

전자는 Subjective 내 상황에 알맞은 주관적이란 표현을 쓰고, 후자는 Objective 누구에게나 다 맞는 객관적이란 표현을 쓸 수 있을까요?

그렇다면, 우리는 주체지향 모듈과 객체지향 모듈이란 말을 쓸 수 있을 것입니다. 처음 컴퓨터와 랭귀지가 나온 이후 숱한 세월이 지금은 흘렀습니다. 그러다 보니, 지금은 특정 기업 용도의 응용 산업보다는 범용 개인 용도의 응용 산업이 더 커졌습니다. 너도, 나도 이런 목적으로 만들어진 객체로 구현한 모듈들을 필요에 따라 갖다 쓰는 시절이 도래한 겁니다. 이후엔? 그렇죠. 4차 산업혁명인 AI니 Big Data 등이 세상을 뒤덮을 거라 하더군요.

단체 실습 - 시트18

어떤 인사이트를 혹, 얻으셨나요?

은유나 비유, 대비를 자주 들어주는 것이 이로울 걸로 보인다. 1. 가치로 살 것이냐, 관계로 살 것이냐 2. 혼자서 적게 먹고살 것이냐, 여럿이서 크게 나눠 먹으며 살 것이냐 3. 빛이 밝히지 못하면 뭣하며, 소금이 맛을 내지 못하면 뭣 하러 존재할까 4. 나중에 할까요, 아니면 지금 당장 실천에 옮길까요? 5. 이 길을 가야 할까요, 아니면 멈춰야 할까요 6. 이리 가야 할까요, 저리 가야 할까요 7. 방향만 정하고 나면 나머지는 시간이 해결해줄 거라는 믿음이 생겼나요 8. 나는 내 할 일만 하면 됩니다, 나머지는 다 절로 이루어지게 되어 있지요, 어떨 때? 방향 좌표가 잘 설정되어 있다면 말입니다. 그게 콘셉트 입지요 9. 영어로 코딩하는 게 어려웠나요? 이제 한글로 쉽게 코딩하세요 10. Palhana는 누구나 자기 언어로 쉽게 코딩해낼 수 있는 프로그래밍 랭귀지입니다.

요구사항 수렴 시에 반영

워크시트 v-17

객체지향 시스템 모델링

워크시트 v-18

어떤 이의 작업과도 잘 어울릴 수 있게끔 시스템을 구현

시트 14, 18 [개념훈련이 객체구현을 만났을 때]

2시간짜리 특강을 여러 개를 준비해놓을 필요가 있어 보입니다. 언제 어디서든 나가서 강의할 수 있어야 하겠죠. 대학생들에겐 개념훈련이면 족해 보입니다만, 코딩을 업으로 하는 일반인들에겐 아무래도 좀은 더 나아가야 할 듯해 보입니다. 제가 찾아낸 것이 '객체구현(Object Creation)' 개념입니다.

먼저 3, 4번 구간 CONTRAPOSITION에서 시작합니다.

우리 오늘은 이런 이슈를 갖고서 콘셉트 경영 입장에서 한번 들여다볼까요?

개념훈련이란 개념도 제가 한국에서 처음으로 아마도 쓰기 시작했을 겁니다. 평소에 개념 찾는 노하우를 잘 훈련해서 익힌 사람은 어떤 특별한 경험을 할 때 현실과 어긋나지 않는 직관을 만날 수 있다는 편익을 가져다주지요.

그럼 객체구현 개념은 무얼까요? 대개는 코딩하는 이들은 마케팅 개념이 너무 없습니다. 그러니 맨날 남의 밑에서 일을 받아서 해야 하는 처지를 벗어날 길이 없습니다. 하지만 마케팅과의 균형을 잡아주는 채널을 하나 관리하게 되면, 세상을 보는 눈이 달라집니다. 놀라운 세계를 보게 됩니다. 이런 용도의 채널을 하나둘 열어서 관리해내는 걸 일컬어 제가 객체구현이라 부릅니다.

그러니 평소에 이 개념훈련을 익혀내고, 객체구현한 채널을 관리해내는 사람은 자신의 업에서 남다른 역량을 보여주게 될 것이고, 만족할만한 삶을 살 수 있게 된다는 거지요.

(좌) 개념훈련

Concept Training이라 하면 우리의 오성과 지성이 만나게 해주는 지점을 개념이라 하고, 그걸 평소에 잘 훈련해서 개념 방을 만들어놓게 되면, 지혜로운 삶을 살 수 있다는 이치입니다. 제가 발견해서 적용해오고 있는 기법으론 워크시트 0-18쪽을 활용해 소통하고, 판서 구간을 1-6등분해서 심도 있게 들여다보는 학습훈련입니다.

(우) 객체구현

Object Module로 채널을 하나 구현해내어 운영합니다. 요즘 세상엔 개인 용도의 서비스 모듈들이 수도 없이 많이 나와 있습니다. 그중 자기에게 알맞은 걸 하나 찾아서 자신의 마케팅 감각을 균형 잡아주는 목적으로 한번 운영해 보시라는 겁니다. 맨날 남의 지시만 받아서 일을 해오다, 스스로 일을 찾아서 하게 되는 처지로 바뀌는 자신을 보게 됩니다(한가운데 밑에다 우리가 익히 아는 사례를 하나 올려드립니다).

81년도에 스티브 잡스가 PC를 만들어내어 세상을 바꾸기 시작했고, 이후에 빌 게이츠라는 소프트웨어 천재가 등장해 개인 용도의 애플리케이션들이 수없이 쏟아져 나왔습니다. 이후 90년대 중반에 인터넷, 그리고 21세기로 넘어오면서 스마트폰, SNS가 등장하면서는 이들 개인 앱들이 모바일 모듈로 서비스되는 놀라운 세상이 오늘날 펼쳐지고 있습니다. 누구나 자기 개인 사업용도로 이런 앱들을 쓸 수 있게 된 것이지요.

귀하께선 자신의 비즈니스 용도로 이런 모듈들을 쓰고 계시나요? 쓰는 사람과 안 쓰는 사람 간엔 경쟁력에서 얼마나 차이가 날까요?

흔히들 이런 앱들을 잘 쓰고 있다는 사람들도 기실 한두 개의 특정 용도로 밖엔 쓰고 있질 않습니다. 충분히 활용을 못하고 있다는 거지요. 어떻게 하면 충분히 활용이 가능하다고요? 그게 바로 개념훈련이요, 객체구현의 이슈랍니다. 이걸 익히게 되신다면, 여러분께서는 21세기 문명의 이기를 충분히 누리며 사는 미래형 인류가 되시는 겁니다.

다음 2번 구간 REASONING입니다.

학설이나 이론을 소개합니다.

3, 4번 구간이 합해져서 작품을 만들어낸다는 안이 나온 추리입니다. 이게 과연 워킹한다고 생각되세요?

글쎄요, 일단은 개념훈련이니 객체구현이니 이런 개념으로 접근한 이가 별로 없습니다. 영국에선 주로 몸이나 정신 장애가 있는 이들을 치유하는 심리요법으로 개념훈련이 쓰이고 있고, 한국도 그걸 일부 도입해서 쓰기 시작한 걸로 압니다.

그리고 미국에선 마케팅과 코딩 노하우를 같이 교류하는 커뮤니티를 제법 발견할 수 있었습니다. 역시 모든 이들이 다 비즈니스맨인 미국인답습니다. 이건 중국도 다르지가 않을 겁니다. 비단 장수왕 서방이라고 부르는 중국인들이니까요. 다만, 유독 구체 성향이 강한 한국과 일본에선 이게 '아직은'입니다. 대학을 가보면, 그건 더욱 심각합니다. 학과마다 철벽을 쌓고 서로가 배타적으로 상대를 대하는 모습이 물씬 느껴집니다. 학과융합, 이건 아직은 실천되기엔 요원해 보입니다. 이래선 우리 미래가 없습니다.

다만, 응용 애플리케이션들에선 앞서가는 모습을 우린 쉽게 볼 수 있습니다. 그 대표격이 페이스북 입니다. 이들은 프로필, 페이지, 그룹, 소셜학습 등의 응용에서 이미 놀라운 객체구현 기법을 일찍부터 구사해오고 있습니다. 그냥 키워드나 브랜드 이름으로 객체모듈을 만들어내고, 불러 쓰는 것을 아주 쉽게 할 수 있게 해주고 있어요. 객체구현이란 말을 쓰지 않을 뿐이지, 실제로는 그 개념을 실천해오고 있습니다.

한 마디로, 개념훈련이니 객체구현이니 하는 이슈는 아직은 국내에선 잘 드러나지 않은 사회적 이슈로 보입니다. 전자는 의학계에서 도입을 시도하는 즈음인 것 같고, 후자는 객체지향 모듈로 만들어내어 불러 쓴다는 한 프로그래밍 패러다임으로 쓰고 있는 정도에 그쳐 보입니다. 이걸 우리 일상 비즈니스에서 그냥 쉽게 갖다 쓴다는 발상은 아마도 제가 처음 시도해보는 걸로 사료됩니다.

팀별 실습 - 시트14(먼저 종이를 나눠 준 후, 아래 설명에 들어갑니다)

CRM 실습입니다. 여기선 일관성이 핵심입니다.

각 팀별로 과제를 하나씩 찾아내기 바랍니다. 어떤 고객이 내겐 중요한가요? 일단은 내가 무슨 사업을 영위하고 있는지(혹은, 무슨 직업에 종사하고 있는지)를 먼저 정해야 그게 나올 겁니다. 두 중요 고객을 정하고선, 그네들에게 내가 지속적으로 줄 수 있는 속성/편익을 한번 늘어놓아 보시기 바랍니다. To whom, for what을 찾아내는 실습입니다.

나와서 발표해 주실까요?

우리가 왜 개념훈련을 하고, 객체구현을 해내어야 하는지, 그 동기가 확실히 나왔나요? 남다른 서비스를 할 수 없으면, 우린 도태되고 말 것은 당연하다 할 것입니다.

--------- 질의응답과 10분간 휴식 ----------

1번 구간 FINDING입니다.

우리 주위에서 이런 fact를 한번 찾아볼까요? 우리 뭐라고 이 신개념을 세워야 할까요?

처음 개념을 찾아낸 이들은 피곤하기만 합니다. 아무리 떠들어도, '쇠귀에 경읽기'입니다. 하지만, 다행히 최근엔 콘셉트의 중요성을 너도나도 떠들기 시작했습니다. 10월인가 KBS 라디오방송에서 해외 석학들이 미래엔 키워드가, 또 연말엔 서울대학교에서 발행한 내년도 트렌드가 이 콘셉트였다 합니다. 근데, 기실은 콘셉트를 어떻게 접근할 건지 제대로 연구한 이는 그리 흔치 않은 걸로 보입니다. 디자인, 설계, 이벤트, 마케팅 등등에서 자주들 쓰는 말이긴 하지만, 그 누구도 콘셉트를 정면에서 들여다본 이는 별로 제가 듣질 못했습니다. 필자는 달랐습니다. 한 15년 전부터 그냥 무식하게 정면에서 이 콘셉트라는 키워드를 뚫어져라 들여다보아왔습니다.

그리고는 발견했습니다. 이 콘셉트가 갖고 있는 무한한 조화의 힘을요. 가히 이 시대의 매직이라 할 것입니다. 우리의 경험과 생각의 접점을 거의 무한대로 확장시켜내어 줍니다. 그리고 현실에서 그게 실제상황으로 드러나게 해줍니다.

5번 구간 REFERENCE입니다.

우리의 삶 속에서 이게 적용되고 있는 사례를 보기까진 우린 꿈적도 하질 않습니다. 맞나요?

같이 한번 찾아볼까요?

1. 제일 쉽게 보여드릴 수 있는 것이 'www.Palhana.com', 'www.ManagementByConcept.com'에서 '원펀치'를 길러내고, '개념훈련'을 해온 기록입니다. 작년 4월에 『콘셉트 경영』(저자 김용찬,

2018년 원펀치 출판사) 책자를 내고서 이후에 지속적으로 현실에서 그걸 응용해 실습한 기록을 남겼던 내용입니다. 최근엔 대학 특강에 들어가고, 길거리 강좌에서 아카데미를 열어온 내용이 담겨 있습니다. 그리고 한 분이 처음부터 저랑 같이하시더니, 지금은 IT 융합 - 코딩서비스라는 채널을 하나 훌륭히 운영하고 계시다는 걸 알려드립니다.

2. 많은 이가 저랑 비슷하게 이런 일들을 해왔을 거라는 짐작은 해봅니다. 하지만 그분들과 제가 다른 점은 전 그분들이 하지 않은, 이런 일련의 일들을 체계적으로 미리 계획하고, 그걸 객체구현한 채널에다 기록을 늘 남겨 왔다는 사실입니다. 그리고 이런 행위에 제가 개념훈련이니 객체구현이니 하는 이름을 부여하고, 과학적으로 접근한 것도 아주 특이할 겁니다. 안 그럴까요?

3. 이건 제가 38년 전부터 시작해서 몸소 겪어온 사연에서 비롯합니다. 필자는 80년도 취직해 들어간 곳이 지금의 금감원이었고, 우연히도 업무 전산화 프로젝트를 맡게 되었습니다. 거기서 전 어떤 기회를 포착했었고, 사표를 내고 미국 유학길에 올라 컴퓨터 사이언스 석사를 받고 왔습니다. 그러다 89년도에 엘지그룹 인화원이 개원하던 해에 전 거기서 '창의력 개발강좌' 커리큘럼 개발과 강의를 맡을 강사요원을 구한다는 그룹 내 광고를 보고선 지원했습니다. 거기서 미국서 막 건너온 창의라는 주제의 학문을 배웠고, 그룹 임직원들을 대상으로 일 년간을 가르쳤습니다. 너무 황홀한 그 학문에 푹 빠진 저는 이후론 계속해서 그 연마를 게을리하지 않았습니다. 전 20년 기업 경영을 했었고, 또 대학원, 대학 전공 강의를 한 10년 이상했습니다. 그러면서 종래엔 마케팅 박사과정을 수료까지 했습니다. 이런 일련

의 제 커리어를 통해서 전 지속적으로 탐구활동의 끈을 놓치지 않았고, 결국엔 개념훈련, 객체구현이란 이슈를 찾아내고 어느 정도는 발표할 수 있을 정도에까지 이르게 되었나 봅니다. 이건 분명한 제 살아있는 스토리입니다. 이게 과연 세상을 움직일 수 있을까요? 그건 여러분 수강생들께서 어떻게 반응하느냐에 달렸지 않을까요?

6번 구간 FINALIZE입니다.

옆의 사례에서 우리 무엇을 Abstract 해볼 수 있을까요?

AI니 Big Data니 해서 잔뜩 시끄럽게 세상을 달구고 있는 즈음입니다. 과연 우리 인류에겐 기계에다 미래를 맡기는 길 밖엔 달리 길이 없을까요? 전 참담한 심경입니다. 아마도 다른 대안이 혹, 저희가 될 수 있지 않을까요?

개념훈련, 객체구현은 분명 우리의 미래를 더욱 가치 있게 만들어줄 것임엔 틀림없어 보입니다. 왜죠? 창의, 의사소통, 집단지성, 콘셉트 이런 키워드들이 미래의 주요 이슈로 이미 등장하고들 있으니까요 아마도 그 한 인문학적인 해법을 우리 여기서 찾을 수 있지 않을까요?

그리고 솔직히 전 개념훈련, 객체구현 이 둘이 만나서 일어나고 있는 조화와 매직이 과연 어디까지인지 정말 궁금해하고 있답니다. 최근엔 이게 실용학문으로 확장되어 비즈니스 프로그래밍 랭귀지까지로 발전하고 있다는 강한 느낌을 받고 있습니다. 그렇다면, 이젠 영어가 아닌 각기 자신의 언어로 너도, 나도 뛰어들어 프로그래밍하는 날이 쉬이 오게 될 것입니다.

단체 실습 - 시트18

어떤 인사이트를 혹, 얻으셨나요?

CRM - 일관성있는 고객관계관리

워크시트 v - 14

니는 내게 뭘 주는데?　What?

객체지향 시스템 모델링

워크시트 v - 18

어떤 이의 작업과도 잘 어울릴 수 있게끔 시스템을 구현

[BPL 비즈니스 프로그래밍 랭귀지 탄생배경]

개념훈련과 객체구현이 만나 매직을 부려서 Business Programming Language가 하나 새롭게 탄생했습니다.

먼저 개념훈련(Concept Training)입니다. 이건 제가 백지 캔버스에 콘셉트를 그리기 시작한 지 한 10년이 지나서야 겨우 얻게 된 지혜입니다. 간간이 도면을 넣어서 이해를 도와오던 내용을 아예 그렇담, 모든 토픽에다 토픽별로 한번 도형을 넣어 보자, 그리고선 설명하듯이 개념을 그려가 보자는 생각을 하게 되었고, 그러다 보니 훨씬 더 나은 콘셉트가 쉽게 나오는 걸 보게 되었고, 확신이 섰습니다. 여기서 탄생한 것이 0-18쪽 워크시트입니다. 제가 상형문자의 재탄생이라 합니다.

그리고 최근엔 단국대학교에 들어가서 특강을 하게 되면서는 더욱 설득력 있는 방식의 판서 보드 구간 나누기가 생각났고, 그게 반영된 것이 1-6 구간입니다.

이렇게 콘셉트를 개발할 때에 도형과 구간을 나누어서 접근하면 우린 보다 지혜롭게 멋진 콘셉트를 세워갈 수 있다는 발견입니다.

다음 객체구현(Object Creation)입니다. 소프트웨어나 프로그래밍 랭귀지는 애초엔 비즈니스 용도로 나오기 시작했습니다. 기업용 회계처리, 공장 프로세스 관리 등이요, COBOL, PL/I 등입니다. 이게 PC가 나오면서는 개인용으로 바뀌기 시작합니다. 윈도우, 오피스 같은 소프트웨어와 C, BASIC 등입니다. 그러다 또 한 차례 더 인터넷이 등장하고, 스마트폰을 너도, 나도 들고 다니면서는 공유형, 객체지향으로 바뀝니다. 구글, 페이스북 소프트웨어들과 C++, JAVA 등입니다. 그러니 지금의 소프트웨어나 프로그래밍 랭귀지는 개인용, 공유형, 객체지향의 성격을 지니고 있다 하겠습니다. 여기서 객체지향이란 어느 모듈들이랑 과도 잘 어울려서 그냥 갖다 쓰기만 하면 작동되는 모듈이란 철학입니다.

이런 지금의 철학을 반영해서 모듈을 만들어내고, 기 만들어진 모듈을 잘 활용해서 경쟁력을 갖출 수 있게 해주는 일련의 실행 개념을 전 객체구현(Object Creation)이라 부릅니다.

필자 개인적으론 페이스북이 이 객체지향 모듈의 철학을 가장 잘 반영한 제품을 내놓고 있다고 생각합니다. 다만, 이게 처음엔 공유형으로 나왔다가, 지금은 회원들에게만 공유한다는 쪽으로 방향을 틀고 있다 보니, 시스템 사이즈가 너무 커져서 삐걱거리는 모습을 자주 연출하고 있어요. 개인적으론 불만입니다. 그래서 전 아예 Social Network에 대항하는 Cooperative Network를 하나 새롭게 만들어내야 하는 거 아니냐는 니즈를 강하게 느끼고 있습니다. 그리고 이게 개념훈련 방식과 같이 결합하면, 좋은 BPL을 하나 탄생시킬 수도 있겠다는 생각을 하게 되었습니다. 제가 찾아낸 이 비법을 유형화시켜내어 널리 보급할 수 있는 첩경이 되지 않을까 사료됩니다만, 어떨까요? 저랑 같이 한번 도전해보시겠어요?

아무튼 제가 여태 대학도 들어가 보고, 길거리에서도 가르쳐 본 결과 갖게 된 생각입니다. 이공 계열은 저처럼 페이스북 페이지와 그룹의 조합으로 자신의 전공을 갖고서 세상 사람들과 소통해낼 수 있는 채널을 하나씩 가지시라는 겁니다. 마케팅 트렌드를 좇아 갈 수 있는 비결입니다. 그럼, 누구보다도 자신의 분야에서 탄탄한 경쟁력을 갖추시게 된다는 걸 제가 감히 장담합니다!

제가 여러분과 지금껏 나눈 소통은 'www.Donghan.com'에 가면 올라있고, 회원으로 가입하심 모두 볼 수 있습니다. 책을 사 보시겠다고요? 『콘셉트 경영』(저자 김용찬, 2018년 원펀치 출판사). 객체구현(Object Creation)에 관심 있는 분은 거기 159쪽부터 시작하는 8장 객체구현 편을 참고하시기 바랍니다.

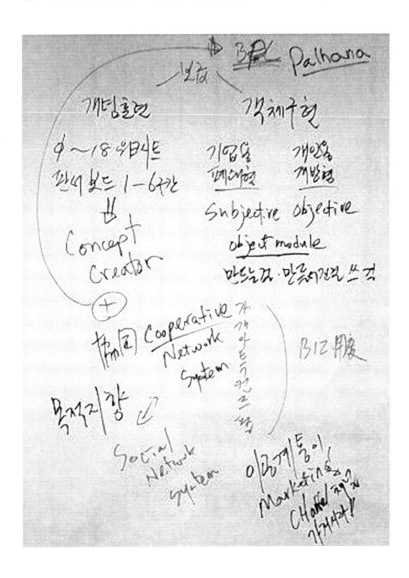

객체구현의 니즈 발견 - 뭐 첫술에 배부르겠어요

　이번에 대학특강을 들어가 보고서야 알았습니다.

　학생들이 페이지 - 그룹을 만들어서 내게 알려달라 했는데, 아무도 하질 않고, 또 말도 없이 묵묵부답. 첫날과 셋째 날 객체구현 실습을 했는데, 오늘까지 아무도 올리는 사람이 없어서 참 이상하다 했더니 아 글쎄, 얘네들이 페이지를 어떻게 만드는 줄을 몰랐던 거였어요. 이제야 알게 되었답니다. 집에 와서 보니, 한 학생이 페이지라고 올렸는데 보니, 그게 만들어지지 않은 미완성인 상태였어요. 왜 얘들이 서로 눈치만 보고 그렇게 묵묵부답이었는지를 지금 와서 생각해보니, 서로가 과도 다르고 낯선 사이에서 창업 동아리에 모이다 보니, 누가 나서서 그걸 말하는 걸 꺼렸던 모양입니다. 창피한 모습을 보이고 싶지 않았겠죠. 아무튼 내 참 이상하다 이상하다 하다 기어코 그 원인을 알게는 되었으니 그나마 소득이라 생각하기로 했답니다. 뭔가가 꺼림칙하기만 한 밤이네요.

　이제껏 80점, 90점 했으니, 이제 다음엔 99점 하면 되는 거지요

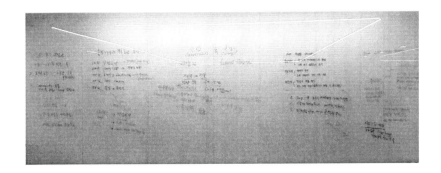

객체구현
Object Creation

시트0 [이집트의 상형문자]

 콘셉트 경영을 여태는 '개념훈련' 차원에서만 들여다보아 왔다. 그러다 막상 코딩 랭귀지 스쿨을 개설한다고 하니, 손님을 끌 채비가 우린 아직 안 되어 있다는 걸 깨달았다.

 근처라도 가려면, 개념훈련으론 역부족이다. 다른 이름을 하나 찾아내야 했고, 그렇게 해서 나온 것이 객체구현이다. 그냥 간단히 '객체모듈(Object module)'을 만들어내서 소통해내는 기술'이라고 개념을 잡았다.

 자, 실습에 들어갑니다. 아카데미로 편지가 하나 왔고, 펼쳐보니 다음의 내용이 들어있다. 훔… 무슨 내용일까?

 하나는 마케터 입장에서, 또 하나는 코더 입장에서 들여다본 콘셉트 경영이 아닐까? 용어를 그네들이 쓰는 데에다 맞추어서 개념훈련, 객체구현으로 뽑아낸 것일 뿐 기실, 그 내용에 들어가면 동일하다 여겨진다. 앞은 포지셔닝을 주로 보고, 뒤는 객체구현을 주로 보는 것만 달라 보인다.

남들도 객체모듈로 구현해내어 브랜드를 관리하고, 일정한 목적의 커뮤니티를 운영해오고 있다. 근데, 유독 왜 난 이걸 객체구현이라 이름을 짓고 또 뭔가 학설이나 이론을 찾아서 내 행위에 리즈닝을 부여하려고 노력하고 있을까? 왜 그러지?

　개념 없이 그냥 쓰는 사람과 개념을 정확히 잡고선 쓰는 사람은 그 성과 및 활용도에 있어서 천양지차(하늘과 땅 차이)를 보이고 있기 때문이라는 것이 내 답이다.

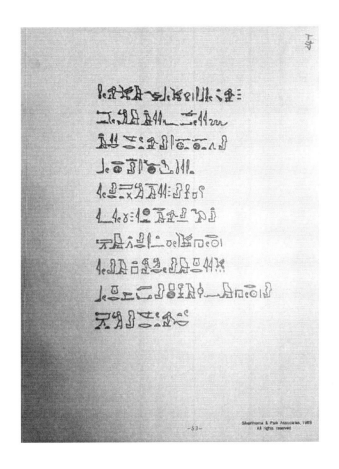

시트1 [워밍업]

움… 내 관심 서른 개라?

1. 콘셉트 경영 책이 많이 팔려서 이 기법이 널리 알려지고 활용되었으면 좋겠어요. 젊은이들에게 당당하게 살아갈 수 있게 해주는 비법인데, 이걸 젊은이들이 익혀야 할 텐데. 그러기 위해선 나 또한 무슨 확실한 사례를 하나라도 만들어내어 보여줄 수 있어야 하고, 그걸 난 아이부스에서 찾고 있어요. 지금 와선 그게 아이부스 아카데미라는 걸 알게 되었고, 어쩌면 잘하면 단국대에서 그 첫 네트워크를 성사시킬 수 있을 거라는 기대를 갖고 있지요.

2. 마침 새해를 맞아서 다시 이 객체구현이란 주제로 0~18쪽 워크시트를 밟게 되어 다행입니다. 요는 어떤 상황에서 어떤 사연으로 이를 밟게 되느냐가 이슈입니다. 그걸 내 객체구현 기술이라 일컫고요. 오는 주에 월-금 단국대학교 특강을 앞두고서 개념훈련을 다시 한번 쭉 훑어보는 효과를 볼 수 있겠죠. 거기 마지막 금요일 2시간은 주제를 객체구현으로 가져가고자 하며, 그 빙산의 밑 부분을 풍성하게 만들어주는 행위를 지금 하고 있습니다.

3. 우린 강의에서 모든 걸 다 말할 수는 없지요. 빙산의 일각만이 드러날 뿐입니다. 그게 추상(抽象)입니다. 영어로는 Abstract라 하지요. 그 기법은 반드시 드러나지 않는 밑 부분이 드러나는 부분에 비해 아홉 배나 많이 성숙되어 있어야 한다는 법칙이 있지요. 그걸 실천해서 기록을 남겨 후학들에게 보여주고자 하는 목적입니다.

4. 한마디로 콘셉트 경영이니, 객체구현이니 하는 내용은 젊은이들에게 미래를 살아가는 데 경쟁력을 갖게 해주겠다는 겁니다. 창의, 의사소통, 자기계발, 역량강화, 취업, 창업, 승진에서 유리한 고지를 점하게 해드린다는 편익을 약속합니다.

5. 오늘 아침부터는 수영장에 갑니다. 겨울이라 목욕도 하기 귀찮기만 한데, 차라리 잘 된 것 같아요. 가서 시원한 수영장 물로 감기 예방도 할 겸 아침 일찍부터 몸을 좀 단련하는 거지요. 아내랑 같이 갈 수 있게 되어 천만다행입니다.

하나님, 새해에도 저희 콘셉트 경영, 개념훈련, 객체구현, 아이부스, Palhana랑 같이 해주시니 정말 고맙습니다.

관심 30개를 적으세요

워크시트 v-1

시트2 [효율적인 회의진행]

지속가능경영 이슈라고 있습니다. 영어로는 sustainable management라 합니다.

이걸 우리 경영에선 늘 염두에 둬야 한다는 겁니다. 근데, 우린 잘 안 하죠? 우린 그저 그때그때 수습만 근근이 하고선 살아갑니다. 맞나요?

하지만, 그래선 우리에게 더 미래가 없습니다.

맨날 시행착오만 반복하다간, 우린 에너지 동력이 다 떨어져 나가고 난 후에야 크게 후회하게 될 것입니다.

어떻게 해야 한다고요? 미리 미래 경영을 계획상에다 넣어야 합니다. 그걸 해내는 손쉬운 비결이 여기 있어요.

그게 객체구현입니다.

객체모듈을 하나 개설하고서는, 거길 통해서 여러분이 하고자 하는 의사소통을 해내어 보시기 바랍니다. 자연스레 미래를 대비하고, 열어가고 있는 자신을 발견하고서 놀라게 되실 거에요.

그게 바로 객체구현이요, 콘셉트 경영이 가져다주는 핵심편익이랍니다.

근데, 어떻게 해서 그렇게 될까요? 궁금하시죠?

여러분은 통상은 자기 자신으로만 살아갑니다. 그걸 주체(subject)라 하지요. 하지만 자기가 아닌 객체(object)를 그것도 소프트웨어 응용 모듈로 만들어서 대하게 되면, 자기와는 다른 또 하나의 자기를 만나게 해준답니다. 이 둘 간엔 소통이 이제부턴 일어나게 되지요.

근데, 이 주체와 객체간의 소통은 여니 일반인들과의 소통이랑 별반 다를 바가 없답니다. 객체랑 대화하니까요. 원래 객체란 내가 아닌 남입니다.

우리 쉬운 말로 나를 비우라고 합니다. 근데, 내가 주체일 땐 아무리 노력해도 비워지질 않습니다. 그렇죠?

그런데요, 이 내가 객체가 된다면, 그때엔 비로소 우린 아주 자연스럽게 비워진답니다. 이게 매직이지요!

내가 객체가 되면, 우린 놀라운 조화가 일어나는 걸 직접 지켜보면서 자기 경영을 해나갈 수 있게 되는 거지요.

처음 객체모듈로 구현해내는 기술을 제가 전수해드립니다. 그리고 나면, 그다음은 여러분께서 스스로 터득하시게 된답니다. 드래곤의 비상입니다.

4P Purpose 지속가능경영, Product 객체구현, Preparedness 객체모듈, Process 의사소통

4R 사회자 김용찬, 서기 김주성, 참석자 아이부스 아카데미 출석하신 분들, 촉진자 콘셉트 경영

시트3 [귀 기울이기]

　내가 도모하는 일이 과연 성취될 수 있을지를 먼저 한번 살펴보는 차원이다. 그저 솔직하게 떠오르는 답을 적어본다. 여기서 창업은 그냥 일 도모라고 바꾸어서 생각한다.

　1. 객체구현 시도는 의미가 있다 2. 다들 말로만 떠들지 누구도 실천해내는 이는 보기가 어렵다. 결국엔 사람들이 가치를 인정해줄 것이다 3. 자금은 필요 없다 4. 필요 없다 5. 이미 나와 있다 5년 이내에 모스크바, 인도 북부에 랭귀지 학교를 세운다 6. 한국 젊은이들과 거기 현지 젊은이들이 서로가 매력을 느낄 것이다 7. 우리 사회에서도 남을 인정하게 된다 8. 그저 돈이다 9. 젊은이들 10. 한 몇백만 원 정도 11. 페이스북 페이지 - 그룹 조합으로 12. 상표 정도면 족해 보인다 13. 천사표와 같이 14. 다시 제로에서부터 시작? 이젠 거의 마지막이 아닐까 한다

다음 이슈에 답해 보시겠어요

워크시트 v-3

1. 난 창업할 태도가 되어 있나,
2. 왜 창업해야 하지,
3. 창업자금은 어떻게 마련하나,
4. 내 아이템은 정부지원 자금을 받아내기에 적합할까?,
5. 아이템은 어떻게 발굴해내나,
6. 내가 찾은 아이템으로 과연 비즈니스가 될까,
7. 세상엔 어떤 가치를 창출해줄까?,
8. 사람들은 무엇에 관심 있나,
9. 내 소비자는 누구지,
10. 과연 내 아이템에 소비자는 얼마나 돈을 지불할까,
11. 내 아이템을 어떻게 객체로(기술로) 구현해낼까,
12. 상표나 특허장치는 해낼 수 있나,
13. 누구랑 같이 갈까,
14. 만일에 실패라도 하게 되면 난 어찌될까

시트4 [목적기술구조도]

　세상에 어르신들이라곤 하나같이 말뿐입니다. 물론 삶에서 실천하시는 훌륭한 분들도 더러 보입니다. 그렇지만, 실제로는 그분들이 세상을 바꾸어내는 데엔 한참 더딜 뿐입니다. 하지만, 저희는 그렇지 않습니다. 왜? 실천해서 즉석에서 보여드리니까요! 그게 객체구현이요, '컨셉크리에이터'입니다. 페이스북에서 페이지 - 그룹 조합의 객체모듈로 구현해내어 실제로 그게 워킹한다는 걸 직접 자신의 사례에서 보게 해드립니다. 자신이 일생에서 목표로 하는 바를 너끈히 달성하게 해드립니다.

　여기서 나는 누구나 인 나입니다.

　원자재는 글쎄요, 페이스북 페이지와 그룹 모듈기능이 아닐까요?

　그럼, 나의 고객, 이해당사자는? 소비자, 이용자가 되시겠죠.

　그분들이 생업공간에서 간절히 원하는 바는? 무슨 일이든 자신이 종사하는 곳에서 좋은 성취를 이루길 원하실 겁니다.

　그럼, 그게 나의 노력의 장이 되고 거기서 그 분들의 꿈을 이루어내어 드리는 것이 제가 해야 할 일이 되는 거지요.

　그걸 객체구현, 컨셉크리에이터 해내어 달성해드리겠다는 제안을 귀하께 저희는 할 수 있습니다.

목적기술구조도

임마, 니가 내
입장이 돼봐

노력의 장

나

생업공간

역지사지 易地思之

고객, 이해
당사자

원자재

시트5 [인큐베이트]

　조선일보 2019. 1. 1.자에 '박종인의 땅의 역사' 특별연재가 올랐다. 일본 가고시마 남쪽에 위치한 작은 섬 다네가시마 도주 도키타카라는 이가 유럽에서 왔다는 사람들을 만나고, 거기서 조총 두 자루를 비싼 값에 사서 일본에 들여오게 했다는 사연이다. 1543년 8월에 있었던 일이다. 그해 조선에서는 성리학 교육기관 서원이 최초로 지어졌다고한다. 각기 두 길을 다르게 간 한국과 일본은 오늘날 과연 어떻게 달라져 있을까가 주제다.

　내가 하는 이 객체구현 행위는 마치 그 옛날 코볼로 프로그래밍하던 것과 매우 비슷하다는 느낌을 받습니다. 기업 활동에서 필요로 하는 니즈를 맞추기 위해 우린 수도 없이 많은 코드 줄을 만들어내야 했습니다. 모듈별로 다른 기능들을 만들어내면서는 저흰 밤을 새우기가 일쑤였습니다. 그렇게 해서, 마지막으로 최종 디버그, 테스트를 거쳐 프로덕션으로 제가 짠 프로그램이 넘어갈 때면 한없이 뿌듯한 걸 느끼기도 했었지요.

　그런데요, 참 아이러니 하게도 지금 객체로 구현된 원펀치, 아이부스 모듈들을 만지작거리면서는 그때와 정말 닮았다는 걸 느낍니다. 다만, 달라졌다면 요즘은 절차형이 아닌 모듈형이라 그때와 비교하면 코딩양은 현격히 달라졌을 거라고 사료됩니다. 그냥 갖다 쓰면 되는 방식이라 편리하기도 하고요. 이런 걸 일컬어 옛날엔 하이레벨 프로그래밍 랭귀지라 했었는데, 요즘도 그런 말을 쓰나요? 아무튼, 객체구현에선 the right time, the right place, 적시에 적합한 곳을 찾아서 글을 짓고 관리하는 것, 이 요체인 듯합니다.

　올 설날 연휴엔 가족이 규수 남단 가고시마에 여행 갈 계획이다.

이런 역사적인 배경이 깔린 곳이니 좀 새롭게 다가올 거 같다는 느낌이 듭니다. 임진왜란/정유재란이 일어나게 된 근본적인 이유가 일본이 이 조총으로 무장되어 있었고, 우린 칼로 무장되어 있었다는 차이에서 비롯한다. 5백 년이 지난 지금에 와서 그게 어떻게 달라졌을까?

그게 바로 우리가 할 일이다.

여행 감상문을 적으세요

워크시트 v-5

예, 이렇게 접근하면 되는 거에요. 아주 훌륭합니다!

객체지향 개념을 살린 좋은 응용 사례가 있어 가져왔어요.

WOOWABROS.GITHUB.IO

생각하라, 객체지향처럼 - 우아한형제들 기술 블로그

2년차 쪼랩이가 객체지향을 처음으로 접하고 공부를 하면서 나름대로 정리해보았습니다.

시트6 [C.T.AB 포지셔닝]

객체모듈로 자신의 아이템을 구현해내어 소통에 들어간다고 했어요. 그리하면, 코딩에 대한 개념이 바로 서게 해드려 취업, 창업에서 남보다 유리한 위치에 서게 될 것이라 약속합니다.

그럼, 편익제안이 여럿 나오겠는데요?

1. 고객 니즈를 소프트웨어로 구현해내는 것이 코딩
2. 왜, 이 코딩을 하게 되었는지 즉, 그 목적이 뭐냐
3. 우리에겐 무엇이 있어 남다르게 할 수 있다는 걸까?
4. 창의와 집단지성을 이루는 나머지 두 가지 툴
5. 내 객체와의 소통으로 자기계발, 역량강화를 이룹니다.

자, 그럼 C.T.AB 포지셔닝에 한번 들어가 볼까요, 우리?

경쟁사는 있어요? 비트 컴퓨터 학원, 알고리즘 잡스

그네들과는 뭐가 다르죠? 그들은 코딩 랭귀지가 전문입니다. 자바, C++, Python 같은 컴퓨터랭귀지들입니다. 저흰 객체지향 철학으로 생산해 나온 응용 모듈들을 활용해서 이런 랭귀지를 배우는 것과 같은 알고리즘 효과를 보자는 시도입니다. 코딩에 개념이 바로 서게 해준다는 것이 핵심편익제안입니다. 일단은 페이스북 페이지 - 그룹 조합으로부터 시작합니다.

타깃 고객은 누구며, 어떻게 다가가죠? 취업, 창업을 앞두고 코딩 랭귀지를 스터디하는 이 땅의 젊은이들입니다. 아이부스 아카데미를 개최해 불러 모읍니다.

브랜드는? 객체구현(Object Creation)

포지셔닝 서술문입니다.

객체구현은 취업, 창업을 앞두고 코딩 랭귀지를 스터디하는 젊은

이들을 대상으로 아이부스 아카데미 강좌를 열어 객체모듈로 구현해내어 소통하는 랭귀지를 익히게 해드려, 취업 창업에 유리한 남다른 자질인 코딩에 대한 개념이 바로 서게 해드립니다.

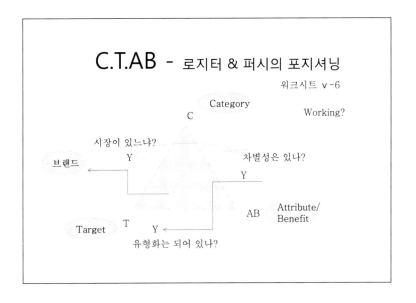

시트7 [콘셉트 보드]

객체구현은 취업, 창업을 앞두고 코딩 랭귀지를 스터디하는 젊은 이들을 대상으로 아이부스 아카데미 강좌를 열어 객체모듈로 구현해내어 소통하는 랭귀지를 익히게 해드려, 취업 창업에 유리한 남다른 자질인 코딩에 대한 개념이 바로 서게 해드립니다.

위에 나온 포지셔닝으로 우리 한번 만들어내어 볼까요?

코딩 랭귀지 스쿨이라고 다니는 이들이 한결같이 두렵게 생각하는 것이 구체적인 언어 기술을 배우는 건 좋은데, 이걸 과연 어떻게 써먹는지에 대해선 감감한 것이 무척이나 답답할 것입니다. 대개는 그걸 가르쳐주는 곳이 없습니다. 왜일까요? 컴퓨터 학원의 선생님들도 그런 난처한 상황을 제대로 맞은 분들이 없었고, 우리 사회는 유달리 의뢰인과 개발자 사이에 벽이 가로놓여 있어 서로가 주고받는 언어가 매우 다르답니다. 여기에 콘셉트요, 객체구현이 개입해야 하는 강한 필요가 있다는 것이 제 주장입니다.

우리 객체모듈로 구현해내어 소통하는 랭귀지를 익혀볼까요?

취업, 창업을 앞두고선 코딩 랭귀지를 배우고 있는 분이라면 누구든 대상입니다.

아이부스 아카데미 강좌를 열어 객체구현 기술을 전수해드립니다.

1. 고객 니즈를 소프트웨어로 구현해내는 것이 코딩
2. 왜, 이 코딩을 하게 되었는지 즉, 그 목적이 뭐냐
3. 우리에겐 무엇이 있어 남다르게 할 수 있다는 걸까?
4. 창의와 집단지성을 이루는 나머지 두 가지 툴
5. 내 객체와의 소통으로 자기계발, 역량강화를 이룹니다.

아이부스 아카데미, 입장료 1만 원

움… 여기서 객체구현과 아이부스 아카데미라는 두 키워드가 분산되는 느낌이다. 이렇게 정리해야 할 듯. 아이부스 아카데미를 열어서 객체구현 랭귀지를 가르친다. 이는 코딩 랭귀지를 가르치는 여느 컴퓨터 학원들과는 달리 객체모듈로 구현해내는 랭귀지이고, 페이스북 페이지 - 그룹의 조합으로 이루어진 활용이며, 그 활용법을 배운다.

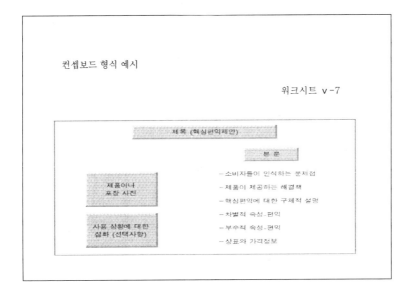

콘셉트 보드가 나왔어요

  취업, 창업을 앞두고 코딩 랭귀지 스쿨에 다니는 이들에게 희소식을 날립니다.

"객체모듈로 구현해내어 소통하는 랭귀지를 익혀 보실까요?"

iBooth
iBooth.net

Cooperative
Network Service

CNS아이부스

코딩 랭귀지 스쿨 다니는 이들이 한결같이 두렵게 생각하는 것이 이걸 과연 어떻게 써먹는 지에 대해 감이 오질 않는다는 거다.
페이스북 페이지 – 그룹 조합으로 객체를 만들어내고선, 거기서 소통해내다 보면 인사이트가 열린다
여기선 누구나 표준화된 워크시트 18쪽을 올려놓고 소통해내니, 하나로 쭉 꿰어서 보고 틀을 수 있는 지혜를 갖게 해준다
창의, 의사소통, 콘셉트, 집단지성 이슈로 실습
의뢰인과 개발자 사이에 가로놓인 벽을 허물어 드립니다.

개념훈련과 객체구현 특강

아이부스 아카데미로 오세요, 입장료 1만원

아이부스 아카데미 www.iBooth.net

시트8 [소비자수용도 조사]

  내일부터 단국대학교에 들어가서 특강을 하다 보면, 자연스레 이 조사 수치가 나올 것이다.

  융합사회와 개념훈련

  또 아이부스 아카데미를 열다 보면, 거기서도 자연히 이 조사 수치를 접하게 될 것이다.

  개념훈련과 객체구현 특강,

지금 미리 짚어본다면? 음… 지난번이 80점이었다면, 이번엔 90 점 정도로 조금 올라가지 않을까?

제품에 대한 소비자 수용도 형식 예시

워크시트 v -8

	1안	2안
컨셉테스트 점수		
사용후 제품테스트 점수		

시트9 [경쟁지각도 조사]

오늘부터 시작이다. 이따 오후 4시에서 6시 강의다. 뭐 차라리 잘 된 것 같다. 하루를 마감해주는 시간에 생판 다른 부류의 학습을 해보는 거니까, 어쩜 머리가 적응하기 쉬울 수도 있겠다.

오늘의 이슈는 시트0 팀별 실습이다. 이게 여간 복잡한 요구를 하는 게 아니다. 이걸 간단명료하게 지시문이 나갈 수 있게 해야 하는 것이 관건이다.

다음의 절차(Process)를 밟아 주세요.

1. 팀 빌딩하고, (페이스북 계정이 있는 분 가운데에서) 팀장을 한 분 정하세요.

2. (실습에서 다룰) 팀의 목표를 하나 의논해 찾으세요.

3. 그걸 달성하기 위한 키워드와 브랜드를 하나씩 찾아보세요(5분 간 실습하게 하고 나서, 실습시트를 나눠줍니다).

4. 이집트에서 한 현자가 편지를 보내왔습니다.

5. 각자 그 내용을 번역해보세요(10분 드립니다).

6. 팀장은 그중 한 분 걸 선택해서 나와 발표해주세요.

7. (강사 포함 모두가 같이 의논해서) 우리 같이 이 팀의 키워드, 브랜드를 한번 정해 볼까요? (모든 팀이 다 발표가 끝나고 나면, 이제 노트북으로 실습합니다)

8. 팀장은 페이지 명으로는 브랜드를 써서, 그룹명으로는 키워드를 써서(비공개, 소셜 학습) 두 개의 객체(Object)를 만들어내세요.

9. 팀원들은 거기 모두 회원가입 신청해서 들어가세요.

10. 모두 '아이부스 단국대 죽전캠퍼스점'을 찾아서 회원가입 신청해 들어오세요. 그리고 서는 화면 맨 위 오른쪽 i를 누르면 나

오는 '홈 화면에 추가'를 선택해 자신 스마트폰 화면에 모듈을 띄워 주세요.

1-3, 7, 8-10은 보드에다 판서해서 모두가 명확히 따르게 하는 것이 좋겠다. 좀은 시간이 걸릴 걸로 예상된다. 아마도 이 실습에만 40분 가량이 소요되지 않을까? 그리고 이게 실상 첫 날엔 제일 중요한 일이다. 충분히 시간을 갖고서 천천히 다 이해했는지를 확인하면서 진행해야 할 것이다.

네 개의 팀이 모두 이 실습을 끝내고 나면, 곧바로 십 분간 휴식에 들어간다.

이렇게 하면, 학생들에게 강한 인상을 심어줄 수 있을 것이다.

브랜드가 각기 비트 컴퓨터 학원, 알고리즘 잡스, 아이부스 아카데미

속성편익이 각기 개념훈련, 객체구현, 전공역량, 코딩역량

F1 개념훈련에선 B3, B1, B2

F2 객체구현에선 B3, B1, B2

F3 전공역량에선 B1, B2, B3

F4 코딩역량에선 B1, B2, B3

각기 순으로 서열이 나뉠 것이 거의 분명해 보입니다. 그럼, 결과적으로 '아이부스 아카데미'도 취업, 창업 등에서 좋은 성적을 보일수 있을 겁니다. 귀하도 그렇게 생각되세요?

이게 차별화 전략입니다. 남다른 데에서 승부하는 거지요.

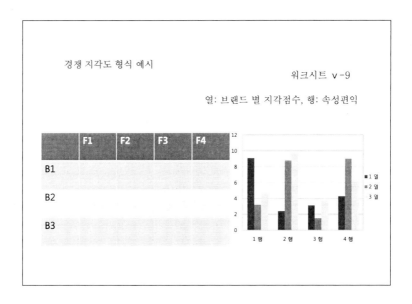

경쟁 지각도 형식 예시

워크시트 v-9

열: 브랜드 별 지각점수, 행: 속성편익

시트10 [공간지각도 조사]

우리의 핵심역량이 F1 개념훈련, F2 객체구현으로 나왔다. 그럼, 우린 이걸로 승부하는 거다.

특강을 자주 열고, 정규 교육과정에서도 이 교육을 도입한다. 무엇보다 LINK+에서 적극 이 교육훈련을 도입해서 적용해나간다.

아마도 창업 동아리들엔 구세주로 우리가 등장할 수 있지 않을까?

휴, 이렇게 눈에 보여야지 우린 감동의 물결을 탈 수 있는 것이다!

겨우 12시간 전에 와서야 답이 나왔다. 식겁했다.

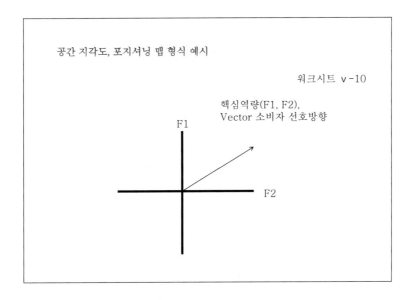

공간 지각도, 포지셔닝 맵 형식 예시

워크시트 v-10

핵심역량(F1, F2),
Vector 소비자 선호방향

F1

F2

시트11 [비즈니스모델 캔버스 실습]

우리가 찾아낸 비엠을 쭉 한번 훑어보는 역할을 하기엔 그저 그만. 먼저 우린 주제가 뭐였죠? 객체구현을 해내면 어떤 이로운 점이 있을까?

타깃고객? 취업, 창업을 앞둔 이 땅의 젊은이들, 특별히 코딩 랭귀지 스쿨을 다니고 있는 이들이 대상 채널? 아이부스 아카데미 이벤트와 그룹 고객관계? 객체모듈로 구현해내어 소통하는 노하우 전수; 강의, 실습, 멘토링 제안가치? 객체구현과 개념훈련으로 취업 창업에 유리한 남다른 자질인 코딩에 대한 개념이 바로 서게 해준다.

자원? 워크시트 0-18쪽, 판서 보드 1-6구간, 페이스북 페이지 - 그룹 조합 활동? 이론강의, 실습, 커뮤니티 서비스 파트너? Palhana 프로그래밍 랭귀지 개발에 동참하는 이면 누구나

원가요인? 토즈 교대점 개최 비용 정도

수익 흐름? 입장료 1만 원

포지셔닝 서술문? 객체구현은 취업, 창업을 앞두고 코딩 랭귀지를 스터디하는 젊은이들을 대상으로 아이부스 아카데미 강좌를 열어 객체모듈로 구현해내어 소통하는 랭귀지를 익히게 해드려, 취업 창업에 유리한 남다른 자질인 코딩에 대한 개념이 바로 서게 해드린다.

아이부스 아카데미가 단국대 창업 동아리를 대상으로 한 교육훈련에 들어감으로써 저희 아카데미가 비로소 대학이랑 같이 목표를 공유할 수 있게 되었습니다. 휴, 천만다행입니다(이건 매우 중요합니다!).

자, 오늘은 시트 4, 12 [왜 코딩을 짜게 되었는지, 즉 목적이 뭐냐?] 가 강의 주제입니다. 어떻게 실습을 이끌어가야 할까요?

어제 한 실습이 마무리되기 전 이기는 하지만, 이번 실습으로 그 게 커버될 수 있으니, 어제 건 무시하고, 그냥 오늘 진도를 내는 게 바람직해 보입니다.

어젠 개념훈련(Concept Training)이 주제였고, 오늘은 목적(Purpose)이 주제입니다.

자, 어제 우리가 찾아냈던 사례로 시트4 팀별 실습에 한번 들어가 볼까요? (시트를 나눠주고서 설명에 들어갑니다)

1. 나나 우리는 바로 여러분이십니다.
2. 원자재는?
3. 고객, 이해당사자는?
4. 그들의 생업 공간은? 거기서의 간절한 애로사항은?
5. 그럼, 거기서 내가 이루어내고자 하는 목적은?

    으로 각기 나누어서 들여다보고선, 찾아낸 답을 한번 적어보세요(15분 드리겠습니다).

6. 5번에서 나온 답이 3, 4의 입장을 잘 고려해 그네들의 처지를 반영해서 나온 답인지 돌아보시기 바랍니다. 확신이 서면, 팀장이 나와서 발표해주세요.
7. 어제 우리가 발표하고 객체구현 해내었던 브랜드와 키워드가 오늘 혹, 달라졌나요? 그렇다면, 각 팀은 페이지와 그룹명을 수정해주시기 바랍니다.

이렇게 해서 우린 팀별 이번 학습과제의 목표를 잘 세웠습니다. 이제 만족하시나요?

왜 이런 실습을 하는 걸까요? 이렇게 함으로써 우린 우리의 가치를 늘 증진시켜낼 수 있답니다. 이번 학습훈련의 목표라 하겠습니다.

어때요, 유익했어요?

비즈니스모델 캔버스 형식 예시　　사업명:　　　　작성자:

워크시트 v-11

파트너	활동	제안가치	고객관계	타깃고객
	자원		채널	

원가요인　　　　　　　　수익흐름

시트12 [SCM 가치창출을 위한 공급자 체계]

Why? 코딩을 배우는 젊은이들에게 경쟁력을 부여.

How? 객체구현(Object Creation), 개념훈련(Concept Training)

어떤 경쟁력을? 자신에게 어울리는 비즈니스모델을 그려낼 수 있는 역량을 길러내어 드립니다. 평소에 특별한 경험을 했을 때 그 감각을 놓치지 않게 해드리고, 늘 쉬지 않고 거기에 어울리는 언어 콘셉트를 떠올리는 학습훈련을 게을리하지 않게 해드립니다.

이게 다 페이스북 페이지 - 그룹 조합으로 커뮤니티를 만들어내어 소통해냄으로써 가능해졌다는 겁니다. 어때요, SNS 범용인 페이스북이 아닌 이것만을 고유목적으로 하는 응용 페키지를 하나 새롭게 만들어내고 있는 저희 프로젝트에 혹, 동참하실 분 안 계신가요? 저희랑 파트너가 되시는 겁니다.

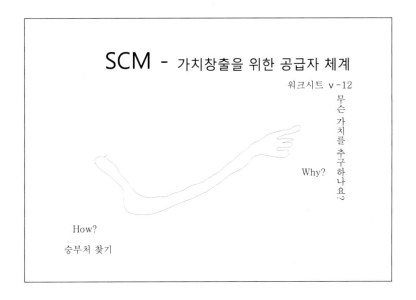

시트13 [힘의 삼 원칙]

이튿날 강의에 학생 절반이 빠져 버렸다. 영 김이 새는 하루였다. 한 학생에게 물어보니, 이게 첫날 강의가 재미없어서 그런 건 아니라 한다. 아르바이트 가는 학생도 있고, 무엇보다 앞의 강의가 하루 7시간, 너무 지루하게 진행하기에 지쳐서 다들 나자빠져 나간 것이 이유라 한다. 그럴까? 흠… 일단은 세 번째 날 가보면 알겠지. 아무튼, 그럼에도 불구하고 난 묵묵히 어제도 견뎌냈던 것이 잘했다는 생각이 든다.

역시 실습 중심으로 진행했고, 그게 먹혀든다는 걸 느낀 하루였다.

이거 삼십 년 전에 내가 인화원에서 하던 방식인데… 참, 세상 얄궂다.

객체구현이 더해져서야 비로소 개념훈련이 완성되는 모습이다. 이렇게 되면, 대학이나 기업에 들어가서 얼마든지 세일즈가 가능한 명품 강의가 될 걸로 예감된다. 입소문도 타지 않을까?

집단으로 모이게 되면, 절로 작용하는 힘의 흐름이 느껴진다. 반드시 부딪는 두 이해집단이 나오게 되고 갈등이 노출되는 때가 온다. 이때 그 힘의 흐름을 타게 되면, 우린 리더십이 발휘되는 거다.

그 방법은? 객관적인 입장에서 각기 상대가 호소하는 목소리를 잘 들어주면 된다. 절로 답이 나온다.

우리가 맞고 있는 갈등은 개념훈련과 객체구현 중에서 누굴 간판으로 내세우느냐의 이슈다. 두 개를 한꺼번에 간판으로 가져가게 되면, 우려되는 것이 홍보효과가 줄어들 거라는 거다. 과연 그럴까?

pros

콘셉트 경영의 주 이슈는 개념훈련이다. 그러니 당연히 개념훈련을 간판으로 갖고 가는 게 옳은 방향이다.

cons

무슨 소리. 너무 추상적으로 들리기만 하는 개념훈련으론 젊은 이들 주목을 끌기엔 한계를 이미 느끼고 있지 않느냐? 구체적으로 눈에 보이고, 효용성이 피부에 바로 느껴지는 객체구현을 간판으로 내세우는 것이 실리적이다.

和

글쎄요, 어느 걸 간판으로 내세우든 흑묘백묘라고, 소비자만 잘 붙들면 되지 않을까요? 그건 순전히 대학이면 김○○ 센터장님께, 아카데미이면 김주성 사장님께 맡겨버립시다, 우리.

It's none of my business!

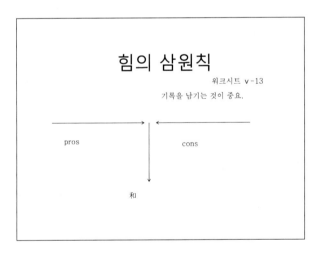

시트14 [CRM 일관성 있는 고객관계관리]

　개념훈련과 객체구현 이 둘의 이슈는 앞으로도 영원히 계속될 것입니다.

　한쪽은 Positioning이 주축을 이루는 카테고리,

　다른 한쪽은 Object module로 구현해내고, 소통해내는 기술을 전수하는 카테고리 입니다.

　다른 말로는 마케팅과 코딩의 이슈입니다.

　이 둘을 내 몸에서 하나로 익혀내자는 운동이 곧 콘셉트 경영이 되는 거지요.

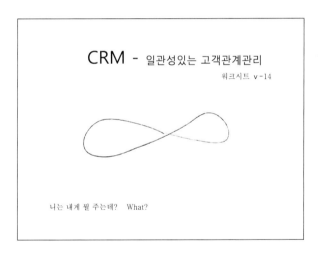

CRM - 일관성있는 고객관계관리

워크시트 v-14

니는 내게 뭘 주는데?　What?

시트15 [펌프 프라이밍 전술]

셋째 날인 어젠 딱 세 명이 출석. 한 팀을 만들어서 실습했는데 의외로 이게 왕근이다. 제대로 된 아이템이 하나 나온 듯 여겨진다. 내 전격 지원키로 약속했다. 물론 이 셋은 모두가 단국대 가맹점 회원이 되었다. 회원 아홉 명 기록 중.

중요한 것은 어제부터는 감이 온전히 온다는 거다. Contraposition에서 무슨 이슈를 다룰 건지를 먼저 결정하는 것이 첫째고, 핵심 이슈를 끄집어 내어 곧바로 팀별 실습에 들어가는 것이 둘째 비결이다. 이게 신선하고 충격적인 느낌이 들게 해준다는 걸 보았다. 이제 원 투 펀치를 제대로 갖춘 듯 여겨진다.

마중물 전술로선 품질단서, 색조화장, 유인책을 뭐로 잡을 거냐는 이슈다.

품질단서(Quality clue)? 우린 뭐지? 역시 뭐니 뭐니 해도 잘 정비된 시트를 올려 놓고 하는 팀별 실습에 있는 것 같다. 참여하는 이들이 한번 실습해보고선 다들 혀를 내두른다. 뭐 이런 게 다 있었어?

색조화장? 신부화장을 좀 해서 내 보낼만한 게 어디 없을까? Reasoning 이나 Reference들에서 뭔가가 좀은 더 멋지게 나와서 받쳐줄 수 있다면 더욱 효과적이지 않을까? 그건 점차로 시간이 지나면서 숙성될 걸로 사료된다.

유인책으론 단연 페이스북 페이지 - 그룹으로 객체 Object를 만들어내어 소통하는 것이 될 것이다. 자신들의 브랜드와 카테고리로 고객들과 소통하는 채널을 하나씩 만들어내어 주는 거니까.

목표를 계량화 해서 측정치를 관리해나가야 합니다.

워크시트 v-15

유인책

품질단서

색조화장

시트16 [리더십 구현 전술]

두 가지 이슈가 있을 듯하다.

수강신청하고, 오는 이들에게 줄 수 있는 혜택

대학이나 기업에게 줄 수 있는 혜택.

우리 개념훈련이나 객체구현이 수강생들에게 줄 수 있는 혜택으로는 무엇보다 "제대로 된 개념을 세워서 자신의 처지에 합당한 방향을 찾아가게 하는 거"라고 하겠다. 그렇게만 해준다면, 당연히 우린 그네들에게 리더십을 갖게 될 것이다.

대학이나 기업에게 우리가 줄 수 있는 거? 당연하지 않을까, 우리가 그 "대학, 기업이 못 푸는 애로사항에 활로를 터준다."라면 그건 그들로서도 쌍수 들어 환영할 일이 아닌가.

전자는 강의 평가가 나와보면 알게 될 테고, 후자는 저쪽에서 우리에게 요청이 들어올 때까지 잠자코 기다리는 게 상책으로 보인다.

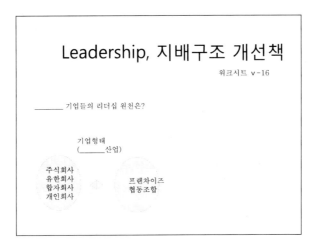

시트17 [요구사항 수렴]

여태 우린 전략과 전술을 개발 해왔습니다. 돌아보면서는 이 가운데에 혹, 객체 모듈로 구현해낼 만한 요구가 없었는지를 한번 살펴보겠습니다.

1. 오프라인 강좌를 보강해주는 역할로는 지금의 페이스북 페이지 - 그룹 조합이 월등한 기능을 제공한다.
2. 다만, 염려가 있다면 이 페이스북 모듈이 너무 거대하다 보니 한번씩 기능 오류가 난다는 걸 느낀다.
3. 혹, 그럴 일이 없길 바라지만, 우리가 구축해가는 '아이부스' 시스템이 작동되지 않을 가능성에 대비해서 우리도 자체의 시스템을 하나 구현해나갈 필요를 느낀다.
4. 그 시스템 개발은 AI니 Block Chain 시대에 걸맞게 우리도 그 기능이 가미된, 그리고 원하는 이들에겐 누구에게나 개발에 동참할 수 있도록 참여 문을 열어놓는 방식으로 프로젝트를 관리해보고 싶다.

이런 철학을 저희랑 같이하실 분 혹, 계신가요? 같이 해주시면 영광이겠습니다.

요구사항 수렴 시에 반영

워크시트 v-17

시트18 [객체 모듈로 구현]

우린 단국대 특강을 진행하는 도중 개념훈련에 이어 객체구현이란 주제로 다시 시트 0-18을 쭉 한번 밟아 보았습니다. 여기서 결과물로 나온 우리의 객체로 구현해낸 모듈들의 실상은 다음과 같습니다.

1. 단국대 창업동아리 특강에 막상 들어가 보니 개념훈련으로는 역부족을 느낀다. 너무 추상적으로 학생들에게 들리는 모양이다.

2. 눈에 보이는 효과를 보게 해줄 요량으로 찾아낸 게 객체구현 개념이다. 확연히 드러나는 건 페이스북 페이지-그룹으로 실습 팀들의 아이디어/아이템을 객체구현 해내어 찾아가는 서비스로 멘토링 해주는 가치제안이다.

3. Xxyyzz-BM이란 서비스 공식을 하나 발견했고, 이걸 두 갈래로 나누어서 전파하기로 했다. 하나가 특강에서 개념훈련, 객체구현 노하우를 전파하는 일. 기존의 아이부스 아카데미(새로 바뀔 이름이 it 융합 코딩스쿨) 이벤트랑 맥을 같이하는 성격이다.

4. 나머지 하나가 창업 액셀러레이터로 역할하는 일. 이를 위해 기존의 아이부스-개념훈련 조합과는 별개로 아이부스-zz2 조합을 하나 새로 만들어내어 거기서 이 비전을 가꾸어내야 할 것이다.

오늘 강좌를 마치고 나면, 대단원이 막을 내립니다. 과연 학생들로부터 어떤 강의 평가가 나올지 무척이나 궁금합니다.

객체지향 시스템 모델링

워크시트 v-18

어떤 이의 작업과도 잘 어울릴 수 있게끔 시스템을 구현

객체구현 노하우를 전수합니다

객체지향 모듈을 만들어서 소통해내기

2019년 1월 13일 일요일

[김용찬원펀치] [오후 9:23] 오늘 명동 안디옥교회에서 만나게 된, 양○○ 학생을 초대하게 되었습니다. 이걸 기회로 한번 제대로 여러분에게 객체구현 해내는 기술을 전수해드려 보겠습니다.

[김용찬원펀치] [오후 9:28] 객체지향 모듈을 활용해서 우리의 생각을 담아내며 나누는 소통을 객체구현 기술이라 합니다. 지금껏 나와있는 객체지향 모듈 가운데에선 페이스북이 단연 최고입니다. 모듈을 만들어내고, 언제 어디서든 불러서 소통해낼 수 있게 해줍니다.

[김용찬원펀치] [오후 9:29] 페이스북 회원으로 가입하시고, 위의 페이지 만드는 방법을 따라서 모두가 페이지를 한번 만들어 보시기 바랍니다. 처음에 잘 안되면, 천천히 시간을 두고선 한번 시도해 보도록 하세요. 일단 페이지를 만드신 분은 제게 알려주세요, 제가 찾아가서 개념훈련 서비스를 해드리겠습니다.

[김용찬원펀치] [오후 9:36] 페이지를 만들 때 기술적인 건 위에서 보고 하시면 되겠지만, 중요한 것은 페이지 이름을 짓는 일입니다. 자신이 도모하시는 일이 혹 있으심, 그 일과 관련한 이름을 하나 지어내시는 것이 좋아요. 계획하시는 일의 범주(카테고리)나, 나중에 가면 그게 브랜드가 될 만한 것으로요. 그리고 이름은 나중에 또 바꿀 기회가 있으니, 처음에 만드실 때 너무 심각하실 필요는 없답니다.

FACEBOOK 고객 센터
페이지를 만드는 방법은?

페이스북 가입하고선 페이지부터 하나 만들어 보세요

온 오프라인을 연계해서 개념훈련, 객체구현 노하우를 전수해드립니다.

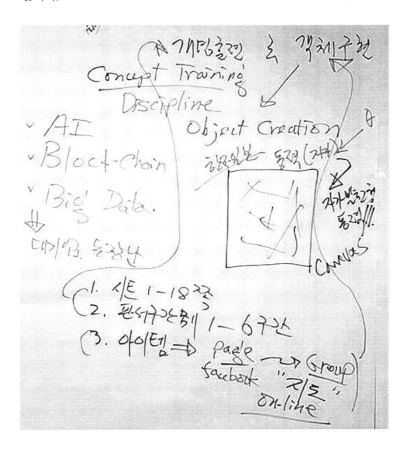

우린 시행착오 끝에 가서야 결국엔 길을 발견합니다

제가 객체구현 해내는 방식은 그냥 내지르는 겁니다. 곧 바로 행동에 들어가는 거지요. 코딩서비스라는 이름의 그룹을 한번 만들어 보세요. 그리곤 이곳 IT 융합 페이지에 연결해보세요, 김 사장님.

진행하다 뭔가 잘못됐다 싶으면 그때 가서 바로잡으면 됩니다. 그게 객체구현입니다. 저질러 보지 않으면 우린 무엇이 잘못되었는지 조차도 모릅니다. 화이팅! 김 사장님.

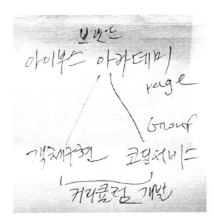

시트0 [좀은 구체적으로 교안을 한번 개발해보겠습니다]

　양xx 학생이 의외로 적극적으로 객체구현 기술을 배우겠다고 나서네요. 그렇다면 저도 이젠 좀 진지하게 준비해야겠습니다.

1. 일단은 페이스북 계정을 내는 걸로 시작합니다.

　이메일, 휴대폰 번호 둘 중 하나를 선택해서 가입신청 합니다. PC를 주로 써야 하니 이메일이 나을 겁니다.

2. 자신의 페이스북 계정이 생겼다고 바로 프로필, 타임라인 등을 활발히 시작하는 이들이 있지만, 이건 개인정보 유출이 될 가능성이 높으니 처음엔 삼가시는 게 좋아요.

3. 다음 단계가 페이지를 하나 개설하는 겁니다. 평소에 자신이 관심 갖고 있는 키워드가 있나요? 하나만 선택해서 그걸 이름으로 해서 페이지를 하나 개설하세요. 페이지 개설은 페이스북에서 제공하는 규칙을 따라가심 됩니다. '페이지 개설' 하고 치면 나옵니다.

4. 이제부터는 자신의 이름이 아닌, 페이지 이름으로 페이스북에서 활동하심 됩니다. xx 학생인 경우, 만들어낸 페이지명이 yy라면, 이제부턴 페이스북에선 자신을 객체모듈(object module)로 만들어낸 yy로 활동하게 되시는 거지요. 훨씬 더 객관적으로 바뀐 자신의 모습을 그 객체에서 발견하실 겁니다.

5. 남들도 이렇게 하시는 분들이 계십니다. 다만, 저희는 이렇게 해서 소통해내는 방식에 이름을 붙여서 객체구현이라 일컫고 있을 뿐입니다. 이 객체구현 해내는 노하우도 기술이라 하여 널리 전파해내고 있지요. 늘 주체로만 살아왔던 내가 객체로 바뀐 자신의 모습과 대화를 나누다 보면, 우린 놀라운 세계가 펼쳐지는

걸 지켜볼 수가 있답니다.

개별 실습입니다(시트0). 내가 만든 페이지로부터 내게로 편지가
왔어요. 이슈는 세상은 말이야 급속도로 변해가고 있어. 교육 프
로그램이 그렇고, job 시장이 그렇대요. 여기서 날 더러 살아남기
위해서 이렇게 해야 한다고 지혜로운 말을 들려주고 있다 하네요.
한글로 한번 번역해보시겠어요?
두세 분은 나와서 발표도 한번 해주세요.

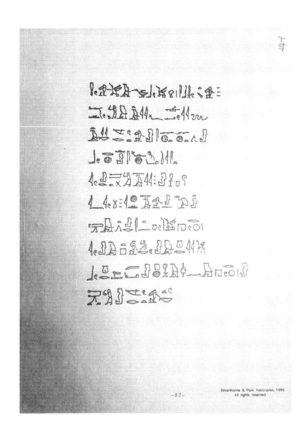

시트1 [그룹을 만들어내고, 첫 유닛에다 글 한 꼭지 올리기]

귀하가 만들어낸 페이지에서 연동하는 그룹을 하나 생성해내시기 바랍니다. 자신이 관심 갖고 있는 카테고리에서 적합한 이름을 찾아내세요. 앞으로 콘텐츠를 관리해낼 목적입니다. 일단은 여기선 그 이름을 zz라 부르겠습니다.

zz 그룹의 유형을 소셜학습이라, 속성을 비공개라 정하시기 바랍니다. 그리곤 거기에다 첫 유닛 주제를 '객체구현 기술 배우기'라고 정해주시고선 지금과 같은 글을 한 꼭지 지어서 올려보시기 바랍니다.

zz가 제게 묻습니다. 관심 30개를 적으시라고. 이제 yy가 저 xx에 대신하여 거기에 답합니다. 그저 손가락이 가는 데로 솔직하게 내 관심사를 한번 나열해보시기 바랍니다. 일단 참고하시라고, 저부터 먼저 한번 손가락을 따라 가보겠습니다.

코딩스쿨이라 하면 프로그래밍 랭귀지를 적어도 C++, JAVA, PYTHON 정도는 다룰 줄을 알아야 할 텐데, 우리 강사들은 아직은 PYTHON을 쓴 이가 없어요. 누군가가 나와주면 좋을 텐데.

저도 이젠 나이 먹어서 눈도 침침하고 하니, 김 사장님이 좀은 더 적극적으로 강사로 나서주셔야 할 텐데, 그게 아직은 때를 못 만난 듯해 아쉽네요.

황남주 씨도 얼마든지 백업 강사로 활약이 가능한 분이신데, 자신 학원 일로 바쁘시니 언제나 조인이 가능하실는지.

이○○, 김○○ 님들도 같이 조인하서서 무슨 역할이든 가능하실 텐데, 아직은 그 역할이 떠오르지 않아 아쉽습니다.

과연 우리의 객체구현 방식이 고객들을 붙잡을 수 있을까? 무슨 혜택을 준다는 걸까?

관심 30개를 적으세요

워크시트 v-1

시트2 [사람들이 다들 날 찾는다]

올해 들어오니 황남주가 날 찾더니, 김○○가 또 날 보자 한다. 염○○도 연락이 온 모양이고. 이거 웬일일까?

아무튼 이렇게 날 찾는 이들을 내가 소홀히 하면 안될 거 같다. 어떻게 해야 할까?

40대, 60대, 50대들이다. 그러고 보니, 내가 갖고 있는 콘텐츠는 참 용하다. 세대를 각기 달리하는 이들이 모두가 찾을 만한 요소를 갖고 있나 보다. 내 이분들을 다 IT 융합 코딩스쿨 사업에 이해 당사자로 초빙해야지 않을까? 뭐, 용광로에 한번 도전해보는 거다.

우린 특정 교육훈련을 위해서만 교육을 하는 것이 통상입니다. 하지만, 어떤 콘텐츠는 세대를 달리하는 이들이 모두가 다 교육훈련을 받아야 하는 것도 있을 수 있지 않을까요? 그걸 제가 발견했다면?

오늘은 새로운 실험을 제가 하고 있어 보입니다.

4R입니다.

사회자는 접니다. 서기도 접니다. 출석한 이들은 이네들 황남주, 김○○, 염○○입니다. 촉진자는 하나님이십니다.

4P입니다.

의논 나누는 목적은? IT 융합 코딩스쿨이 과연 이네들 전 세대를 다 아우를 수 있을까요?

결과물? 이들 모두가 먹고 살 수 있는 방안

준비물? 코딩스쿨 분위기를 먼저 한번 와 보시라는 게 어떨까요? 확신이 들어야 하는 게 우선일 테니까요. 그렇게 되면 부작용이 혹, 생기진 않을까요? 젊은이들이 뭔가 거부감을 혹 보인다든지….

절차는? 1. 일단은 가능성을 열어서 보여준다. 2. 자신도 배우고 익히게 한다. 3. 배우고 익혀서 얻을 수 있는 수익금이 나와줘야 한다. 학원 사업이니 수강생들로부터 받는 수강비가 전부가 아닐까? 그렇다면 이네들이 강사로 참여하지 않고서 어떤 수입을 기대할 수 있지? 4. 맞다. 수강생을 코딩스쿨로 데려오는 즉, 영업 역할은 기대해볼 수 있지 않을까? 많은 이들이 홍보, 영업을 해줄 수 있다면, 우리의 사업은 빨리 정착될 수 있을 것이다. 여기엔 이○○ 회장님도 예외가 아닐 것이다. 5. 그럼, 이제 김주성 사장님이랑은 학원을 하나 세우고, 강사진만 보강할 계획을 세우면 되지 않을까? 나머지 수강생들은 이분들이 활약해서 채워 줄 것이고, 그렇게 되면 그분들도 학원 수강비의 소출만큼이나 떼어갈 명분과 권리를 갖게 될 수 있을 것이다. 이분들이 IT 융합 코딩스쿨의 창업공신들이 되는 거다.

휴, 다행이다.

이렇듯, 내가 찾아낸 이 객체구현이란 기법은 우리의 집단지성을 거의 무한대로 확장시켜내어 주는 조화를 부리는 신비의 매직이라는 거다. 마치 돈 나와라 '뚝딱!' 하는 도깨비방망이요, 매일 황금알을 낳는 거위 같아 보인다.

효율적인 회의진행

워크시트 v - 2

4P

Product   Preparedness
          Purpose
                           4R
                           Leader
                           Secretary
                           Attendant
                           Facilitator
          Process

시트3 [지혜롭게 비엠 개발해내는 노하우를 전수, 코딩언어를 가르치면서]

오늘 xx를 만나러 간다. 한 이년 만인가?

과연 어떤 아이템을 갖고 올까? 궁금하다. 내가 미리 한번 짚어보는 것도 의미가 있지 않을까? 그게 콘셉트 경영이다.

움… 아마도 경영지도사 자격증을 딴 모양인데, 그렇다면 그 사업을 어떻게 하면 잘할 수 있을지가 이슈일까? 그건 페이지 - 그룹을 내고서 거기다 자신의 공부를 계속해나가면 달성될 수 있으니, 비교적 간단한 답이 있다. 근데, 이건 꽤 시간이 오래 걸릴 걸로 예상된다.

아님, 뷰티서비스? 와이프가 관심이 많다 하니 아마도 사업을 한다면, 그런 쪽이 아닐까? xx는 조연에 그칠 것 같아 보이고 그렇다면 와이프랑 같이 페이지 - 그룹을 한번 만들어 소통해보라 하는 거다. 그럼 내 답을 천천히 찾아내어 줄 수 있을 거야.

자, 이젠 내 업이다. 우린 카테고리가 코딩스쿨이다. 그리고 차별화 전략이 비엠개발이다.

1. 난 창업할 태도가 되어있다. 2. 왜 창업? 비전을 달성하기 위해선 올해는 부지런히 움직여야 할 거니까, 난 이제 전성기에 접어든 형국이다. 3. 창업자금은 내 주위에 같이 하시는 분들이 필요로 하는 만큼만 투자하시면 된다. 학원 여는데 많은 돈이 필요하지는 않으니까. 4. 정부에서 소프트웨어 학원은 적극 지원할 테다. 5. 그냥 코딩스쿨에 배우러 오시는 분들이 갖고 오는 이슈로 아이템을 만들어내면 된다. 6. 이런 방식으로 사업이 될까? 그럼요, 지금은 컨셉팅과 코딩의 시절이랍니다. 7. 지혜롭게 비엠을 개발해내는 노

하우를 전수 8. 먹고 사는 데에 9. 젊은이들, 그리고 시니어 가운데에 자신 아이템을 키워보고자 하는 의욕이 있는 분들 10. 학원비 정도는 지불할 거에요. 11. 간단합니다. 페이스북 페이지와 그룹으로 객체모듈로 구현해내어 소통케 해드립니다. 12. 뭐 해낼 필요 없어요. 다들 갖다 쓰시면 좋겠어요. 13. 일단은 김주성 사장님이랑 같이 2인 동업체제로 갑니다. 그리고, 나중에 들어오시는 분들은 소출 개념으로 같이 동업하시는 겁니다. 14. 뭐 우린 잃을 게 없어요.

다음 이슈에 답해 보시겠어요

워크시트 v-3

1. 난 창업할 태도가 되어 있나,
2. 왜 창업해야 하지,
3. 창업자금은 어떻게 마련하나,
4. 내 아이템은 정부지원 자금을 받아내기에 적합할까?,
5. 아이템은 어떻게 발굴해내나,
6. 내가 찾은 아이템으로 과연 비즈니스가 될까,
7. 세상엔 어떤 가치를 창출해줄까?,
8. 사람들은 무엇에 관심 있나,
9. 내 소비자는 누구지,
10. 과연 내 아이템에 소비자는 얼마나 돈을 지불할까,
11. 내 아이템을 어떻게 객체로(기술로) 구현해낼까,
12. 상표나 특허장치는 해낼 수 있나,
13. 누구랑 같이 갈까,
14. 만일에 실패라도 하게 되면 난 어찌될까

시트4 [내 페이지가 리더십을 가지려면 그룹운영은 필수]

사람들이 페이스북을 한다고 하지만, 대개는 페이지나 그룹 하나 운영하는 데에 그친다. 주로 주변에서 일어나는 자기 관심 주제의 이벤트나 기사를 올려서 자기 일을 관리해내는 목적으로 활용한다.

그래서는 무슨 일이 일어나질 않는데도, 사람들이 이걸 잘 모르는 것 같다.

매사 혼자서는 무슨 일도 일으킬 수 없다. 그래서 타인을 내 관심에 끌어들여서 의기투합하는 이들을 만나서 힘을 보태야 하는 건데, 그걸 사람들은 잘 해낼 줄을 모르는 것 같다. 이게 리더십이다.

내 페이지가 리더십을 가지려면, 우린 그룹운영이 필수다. 카테고리를 찾아내어서 그 이름으로 그룹을 하나 생성해내어, 자신 페이지에 연결시키고 지속적으로 자기 생각을 정리해서 올린다. 그럼, 그 전문성을 보고선 사람들이 귀하랑 관심을 같이 나눌 건지, 혹은 귀하로부터 서비스를 받을 건지를 결정할 수 있게 해주는 거다. 그렇지 않고선, 내가 바삐 움직여서 그렇게 되게 해주기까지에는 내 몸이 마냥 고달프기만 할 뿐이다.

최민호 목사님이나 김주성 사장님이나 이런 걸 소홀히 해서 일이 잘 진척이 되질 않는 걸 보면, 필자는 안타까움을 금할 수 없다. 아무리 얘길 드려도, 실천이 안 되시나 보다. 우린 개념이 없으면, 통 진도가 나질 않는 것이다.

나는 내 페이지가 되겠다.

원자재는 내 전문분야가 되겠고

고객, 이해당사자는 같이 의기투합해오시는 분들이다

그분들의 생업공간은 아마도 각자가 다 다를 거다. 하지만, 공통점을 찾아본다면, 위와 같이 다들 자신의 전문분야에서 자기랑 의기투합하실 분들을 구하고 있지 않을까요? 그게 리더십 소관이다. 그걸 학수고대 하고는 있으나, 다들 어떻게 해낼 줄을 모르시는 거다.

그게 우리의 노력의 장이다. 그냥 귀하의 전문 카테고리 이름으로 그룹을 하나 생성 해내세요. 그리고선 그걸 자신 페이지에다 연결시키고 아침마다 글 한 꼭지씩 그룹에다 올려서 관심 있어 하시는 분들을 고객이나 이해당사자로 끌어들이세요. 회원이 한 백 명이 넘어가게 되면, 자연스레 귀하께선 자신의 전문성으로 그분들께 리더십을 갖게 될 겁니다.

이게 제가 귀하께 드리는 편익제안입니다. IT 융합 코딩스쿨로 오시겠어요? 오늘 밤 7시 반 토즈 교대점 입니다.

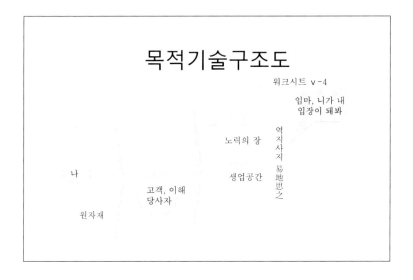

목적기술구조도

워크시트 v-4

임마, 니가 내
입장이 돼봐

역지사지 易地思之

노력의 장

생업공간

나

고객, 이해
당사자

원자재

시트5 [열심히 일한 당신 떠나라]

어젯밤 IT 융합 코딩스쿨을 출범시켰다. 미래의 그림도 그려 보았다. 휴, 이제야 좀 발 뻗고 자도 되겠다.

점차로 젊은이들이 모이고, 자신의 꿈을 위해 노트북을 밝히는 이들로 이 토즈 교대점 40인실이 가득 차게 되는 날이 올 것이다.

참, 다행스러운 것은 김주성 사장이란 분이 적시에 내 곁에 있어 주었다는 거다. 이런 게 다 하나님의 가호라 하겠지.

큰일이 끝났으니, 이제 가족이랑 일본 가고시마 여행을 떠나는 거다. 열심히 일한 당신 떠나라.

여행 감상문을 적으세요

워크시트 v-5

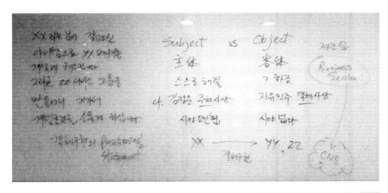

시트6 [xxyyzz-BM이 각기 자신에게 알맞은 모습으로 탄생]

그냥 객체들이 서로 소통해내다 보면 비즈니스 모델이 되어 나온다고 하니까, 사람들이 못 미더워 합니다.

그래서 그걸 직접 보게 해드려야겠다고 나섰습니다. 그게 객체구현입니다.

누구든지 무슨 아이템이든지 생각해보신 게 있으심, 가져와 보시라는 겁니다. 그럼 이런 시트 0-18쪽을 올려서 소통해내어 제대로 된 비엠이 탄생해 나오게 해드립니다.

참고로 이 방식은 미국 와튼스쿨에서 두 교수님이 창안해낸 포지셔닝 해내는 방법입니다. 원래의 브랜드는 XYZ- 포지셔닝 입니다. 이걸 제가 살짝 원용해서, xxyyzz-BMDL(비즈니스 모델 개발 랭귀지)라 부릅니다.

상황: xx라는 이름의 누군가가 yy라는 카테고리의 아이템을 가져왔어요. 그 사업 아이템을 들여다보았더니, zz라는 브랜드가 어울리는 거였다 이겁니다. 일단은 xx에게 저희 이너써클에 조인하시게 하고서는, 페이스북 yy페이지 - zz그룹의 객체모듈로 구현할 수 있게 해드립니다. 어떻게? 한번 들여다보겠습니다.

가져오신 아이템이 뭐죠? 예를 들어, 제 사례인 객체구현 아이템이라 합시다.

경쟁사는 누구인가요? 스텐포드 대학 주위의 창업 액셀러레이터들이 아닐까 합니다. 그리고 대학 취업담당도 해당이 되지 않을까 합니다. 그러니 창업, 취업 멘토들이라 할 수도 있겠네요. 또한 빼놓을 수 없는 것이 비트시스템이니 하는 컴퓨터 학원들입니다.

그네들과 우린 뭐가 다르죠? 글쎄요, 그네들은 교육 프로그램과 멘토링 시스템이 잘 확립되어 있지 않을까요? 반면에 저흰 편리성에선 이네들과 비교해서 전혀 꿀리지 않을 거 같아요. 그저 이 페이스북 이너써클에 들어오시기만 하면 교육훈련, 멘토링을 손쉽게 받을 수 있습니다. 그리고 솔직히 저희처럼 컨셉팅, 코딩을 한 사람이 동시에 배워서 활용할 수 있게 해드리는 곳은 흔치 않더군요.

타깃 고객은 누구죠? 대학생, 창업/취업 지망생들, 그리고 시니어들도 역시 대상이 될 수 있을 겁니다. 그 타깃들에겐 어떻게 다가가죠? 저희가 객체로 구현해낸 채널들은 그냥 페이스북 하시는 분이시면, 다 알게 될 겁니다.

좋습니다. 그럼 브랜드는 뭐로 하실 건데요? 'IT 융합 코딩스쿨'이라고 해서 일단은 토즈 교대점에서 시작했습니다. 입장료 1만 원에 오프라인 스쿨로도 모십니다.

돌아보시면 이 사례에선 xx는 저 김용찬, yy는 IT 융합 코딩스쿨, zz은 창업 액셀러레이터가 되겠습니다.

포지셔닝 서술문입니다.

IT 융합 코딩스쿨은 xx라는 분이 가져오신 아이템으로 페이스북 yy페이지를 만들어내어 드리고, zz그룹을 열어서 자신의 아이템으로 컨셉팅, 코딩 교육훈련을 밟은 끝에 xxyyzz-BM이라는 비즈니스모델이 각기 자신에게 알맞은 모습으로 탄생해 나오게 해드립니다. 물론 거기에 필요로 하는 코딩 기술을 병행해 익히게 해드립니다.

C.T.AB - 로지터 & 퍼시의 포지셔닝

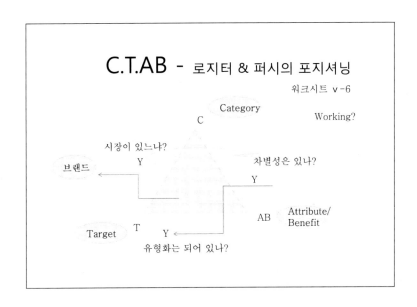

워크시트 v-6

Category

C   Working?

시장이 있느냐?   차별성은 있나?

브랜드   Y   Y

                                                              Attribute/
                                          AB   Benefit

Target   T   Y

유형화는 되어 있나?

시트7 [소비자, 고객은 이걸 과연 돈 내고 살까요?]

IT 융합 코딩스쿨은 xx라는 분이 가져오신 아이템으로 페이스북 yy페이지를 만들어내어 드리고, 그 카테고리로 zz1, zz2그룹을 열어서 자신의 아이템으로 컨셉팅, 코딩 교육훈련을 밟은 끝에 xxyyzz-BM이라는 비즈니스모델이 각기 자신에게 알맞은 모습으로 탄생해 나오게 해드립니다.

위는 우리의 사례에서 찾아낸 포지셔닝 서술문입니다. 여기서 yy 페이지는 IT 융합, zz1, zz2 그룹은 각기 객체구현, 코딩서비스입니다.

그럼, 오늘은 우리 이걸로 IT 융합 코딩스쿨의 콘셉트 보드를 한번 그려볼까요? 이렇게 접근하시면 나온답니다.

1. 우리의 핵심편익제안이 뭐지? 새로운 랭귀지를 실습해서 자신에게 알맞은 비즈니스모델이 나오게 해드립니다

2. 소비자들이 인식하는 문제점? 일단은 쉽게 접근하기 위해 기존의 코딩스쿨을 경쟁사로 잡는다. 그럼, 코딩을 배우고 익히는 이들이 이걸 과연 어디에 써먹는지 감이 오질 않는다는 게 아닐까? 구체적으로 눈에 보이질 않으니, 코딩 학습이 효과적이지 않다는 거다

3. 우리가 제시하는 해결책은? 객체로 구현한 Object들이 소통하게 한다. 그럼, 자연스레 인사이트가 열린다

4. 여기선 표준화된 시트 0-18쪽을 울려서 소통해낸다. 그러니 다들 하나로 쭉 꿰어서 얘길 나누게 되는 학습효과를 보게 된다

5. 창의, 의사소통, 콘셉트, 집단지성 이슈로 실습하게 된다

6. 코딩 의뢰인과 개발자 사이에 가로놓인 간극이 사라진다

7. IT 융합 코딩스쿨 - 입장료 1만 원

8. 패키지 샷

9. 사용 상황 샷

이렇게 콘셉트 보드를 만들어서 올려놓고 보게 되면, 이게 세상에서 워킹할건지 여부를 우린 쉽게 가릴 수 있습니다. 확신이 서면 소비자 조사에 나서는 거지요.

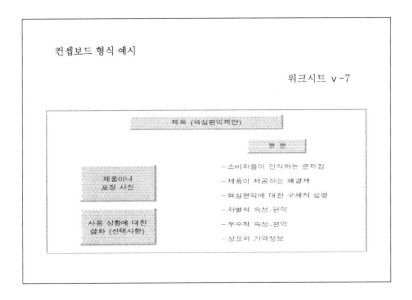

콘셉트 보드가 나왔습니다

귀하께선 과연 이 서비스를 받아보시겠어요?

"객체모듈로 구현해내어 소통하는 랭귀지를 익혀 보실까요?"

iBooth
iBooth.net

Cooperative
Network Service

코딩 랭귀지 스쿨 다니는 이들이 한결같이 두렵게 생각하는 것이 이걸 과연 어떻게 써먹을 지에 대해 감이 오질 않는다는 거다.
페이스북 페이지 – 그룹 조합으로 객체를 만들어내고선, 거기서 소통해내다 보면 인사이트가 열린다
여기선 누구나 표준화된 워크시트 18쪽을 올려놓고 소통해내니, 하나로 쭉 꿰어서 보고 물을 수 있는 학습효과를 갖게 해준다
창의, 의사소통, 콘셉트, 집단지성 이슈로 실습
의뢰인과 개발자 사이에 가로놓인 벽을 허물어 드립니다.

객체구현과 코딩서비스 특강

귀하를 컨셉팅 코딩의 전문가로 만들어 드릴까요?
It융합 코딩스쿨로 오세요, 입장료 1만원
it융합 코딩스쿨 www.iBooth.net

시트8 [컨셉테스트 점수, 수강 후 제품테스트 점수]

비즈니스모델은 통상은 아래 1-3중에서 어느 하나에 몰입해야한다 합니다. 우리 건 과연 그 어디에 속할까요?

1. 제품선도형(Product Leadership): 품질에서 따라올 자가 없다.
2. 운영효율형(Operational Effectiveness): 효율적으로 운영하기엔 내가 최고.

3. 고객밀착형(Customer Intimacy): 내 고객은 내가 제일 잘 안다.

단연, 제품선도형 PL에다 몰입해야지 않을까요? 적어도 우리나라에선 이런 콘텐츠로 비즈니스를 열어가는 곳은 들어본 적이 없어요.

오늘은 소비자수용도 조사입니다. 주로 1안과 2안을 택해서 소비자, 고객에게 들이밀어 구매의향 척도로 조사해냅니다. 컨셉 테스트 점수와 사용 후 제품 테스트 점수를 내어서 서로 비교해 어느 쪽이든 승산 있는 쪽으로 결정을 보는 거지요. 대개는 회사에서 오래도록 관리하고 있는 Norm 수치가 있어서 그것과 비교해보면 쉽게 판가름이 납니다.

IT 융합 코딩스쿨 사례인 경우엔, 글쎄요. 비교해볼 만한 1안, 2안이 뭘까요? 저희는 지금 1안만 갖고서 얘길 나누고 있지만, 카테고리를 코딩스쿨로 가져갔을 경우와, 창업 액셀러레이터로 갖고 갔을 경우로 나눠서 조사받아 볼 수 있지 않을까요? 아무런 채비가 갖춰져 있지 않은 지금으로선, 너무 뻔한 결과가 나올 걸로 예측하고서 그냥 1안으로 선택해서 우린 진행 중입니다.

한 30명 정도 수강생이 클래스에 오신다면, 1. 클래스 시작할 때의 점수 2. 클래스 끝날 때의 점수를 그분들로부터 조사해 점수를 받아볼 수 있을 것이고, 그 정도의 표본이면 나온 통계수치가 비교적 믿을만하다는 것이 학계의 정설입니다.

2월 IT 융합 코딩스쿨 개최할 때엔 필히 이 점수를 오신 수강생들로부터 받아 볼 계획입니다.

제품에 대한 소비자 수용도 형식 예시

워크시트 ⅴ-8

	1안	2안
컨셉테스트 점수		
사용후 제품테스트 점수		

시트9 [화성에서 온 남자 금성에서 온 여자]

제가 객체모듈로 자신의 아이템을 구현해서 소통해내게 되면, 비즈니스모델이 절로 탄탄해져 나온다고 하니 다들 그게 무슨 말이지라고들 합니다. 완전 제목의 상황인 듯 여겨지네요.

시트6부터는 지금까지 줄곧 우린 마케팅 포지셔닝 조사를 해내고 있답니다. 여기서 제대로 된 방향이 서질 않으면, 나중 스텝들은 다 모래 위에 성 쌓기가 되고 맙니다. 그게 전략입니다. 전략이 바로 나오지 않으면, 전쟁의 노력은 수포가 되고 맙니다. 엄청난 그 대가를 치르고야 말 것입니다.

우리 사례에선 카테고리가 뭐라고 했죠? 예, 코딩스쿨입니다. 그러니 경쟁사들이 비트 컴퓨터학원, 생활코딩 등이 될 겁니다.

그럼 우리 여기서 B1 비트 컴퓨터학원, B2 생활코딩, B3 IT 융합 코딩스쿨이라 하면 될까요?

그네들과 우린 과연 어떤 속성편익을 수강생들에게 준다고 할 수 있을까요? 아마도 전공지식, 코딩역량, 컨셉팅역량, 창의성 등을 고려해볼 수 있지 않을까요?

각기 F1 전공지식, F2 코딩역량, F3 컨셉팅역량, F4 창의성이라고 해보겠습니다.

그럼, 다음과 같이 우리가 엑셀 도표를 그려볼 수 있을 것입니다. 그리곤 각기 점수를 받아서 채울 수 있으시겠죠? 스케일이 1-12라고 해보겠습니다.

구분 F1 F2 F3 F4 총점

B1 10 10 5 5 30

B2 9 9 5 5 28

B3 8 8 8 8 32

이렇게 점수가 나왔습니다. 여러분도 동의하시나요?

weight가 모두 동일하다면, 귀하께선 과연 어느 브랜드를 택하시겠습니까? 총점에서 월등한 세 번째 브랜드 즉, 저희 IT 융합 코딩 스쿨을 택하시는 것이 현명하지 않을까요? 여기선 일체의 경비라든지 불필요한 비교항목은 제쳐놓고 들여다보았습니다. 그것까지 감안한다면, 이 점수는 더욱더 크게 벌어질 것이 뻔해 보입니다.

이게 경쟁지각도라는 겁니다. 경쟁사와 비교해서 어디가 우위에 서 있느냐는 거지요.

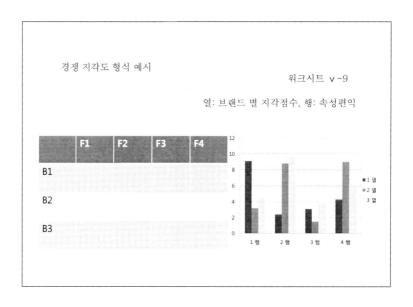

시트10 [우린 지금 컨셉팅의 한가운데를 지나고 있습니다]

저흰 지금 워크시트 0-18쪽을 올리고 소통하는 개념훈련을 풀 코스로 밟고 있습니다. 요즘 말로는 '컨셉팅'한다고 합니다. 지금 딱 절반을 지나고 있습니다. 앞으로 지금까지 온 것만큼 더 나아가면, '상당히 탄탄해진' IT 융합 코딩스쿨 비즈니스모델을 만나게 되시는 겁니다. 이렇게 zz그룹을 열어서 진행하는 걸 제가 일컬어 '객체구현'이라 합니다. 그 노하우를 지금 제가 여러분께 전수해드리고 있는 거고요.

앞선 시트9에서 찾아낸 속성편익에 모두 네 가지가 있었습니다. 그중에서 저희가 제일 뛰어났던 것이 뭐였죠? 예, F3 컨셉팅역량, F4 창의성이었습니다. 그렇다면 여기에 우린 승부를 거는 겁니다. 선택과 집중입니다. 나머지 F1 전공지식, F2 코딩역량 에선 카테고리를 벗어나질 않을 정도만 quality를 유지해내는 겁니다.

이곳 도표에선 컨셉팅역량, 창의성이 다시 F1, F2가 됩니다. 이들 역량에선 누가 제일 멀리까지 벡터 vector 선이 나아갈 수 있다고요? 그 승부를 하는 거지요.

공간에서 우리의 전략을 볼 수 있게 해준다고 해서, 이를 공간지각도라 부릅니다.

이렇게 해서 포지셔닝 조사를 모두 마쳤습니다. 다시 서술문을 한번 만들어 보겠습니다.

IT 융합 코딩스쿨은 xx라는 분이 가져오신 아이템 카테고리로 yy페이지를 만들어내어 드리고, 거기에 어울리는 브랜드로 zz1, zz2그룹을 열어서 자신의 아이템으로 컨셉팅, 코딩 교육훈련을 밟은 끝에 xxyyzz-BM이라는 비즈니스 모델이 각기 자신에게 알맞은 모습으로 탄생해 나오게 해드립니다.

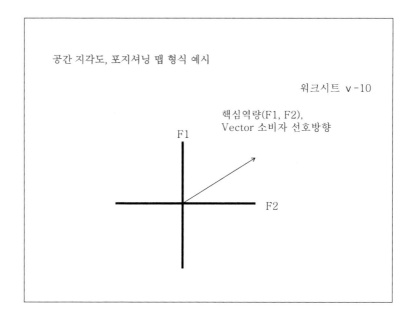

공간 지각도, 포지셔닝 맵 형식 예시

워크시트 v-10

핵심역량(F1, F2),
Vector 소비자 선호방향

F1

F2

시트11 [귀하의 컨셉팅 역량, 창의성은 계속 진화 합니다]

창업시장이나 기업에서 비엠을 개발할 때에 흔히들 받는 교육에 비즈니스모델 캔버스라고 있습니다. 자신의 비엠을 한번 쭉 훑어보게 해주는 데엔 나름 효과를 인정받고 있지요. 저희 비엠도 한번 훑어보겠습니다.

사업명: IT 융합 코딩스쿨 비엠개발

작성자: 김용찬

타깃 고객이 누구였죠? 취업이나 창업을 앞둔 혹은, 이미 취업이나 창업을 진행 중인 이들이 대상입니다.

채널은 페이스북 페이지와 그룹을 활용합니다.

고객관계는 취업이나 창업 시장에서 남보다 유리한 입장에 서게 해드립니다.

제안가치는 무얼까요? 컨셉팅역량, 창의성을 강화시켜내어 드립니다.

자원은 아마도 자신이 갖고 있는 전공지식, 코딩역량이 아닐까요?

활동이라? 토즈 교대점에서 개최하는 오프라인 모임 IT 융합 코딩스쿨에 출석하시는 정도. 나머지는 집에서 자신 컴퓨터로 zz그룹에 들어오셔서 하는 온라인 학습. 아침에 일어나서 한두 시간을 투자할 수 있으시다면, 크게 빨리 진척을 볼 수 있답니다.

파트너? 이 툴과 랭귀지를 저희랑 같이 개발하실 분이 나오심 그분들과 함께 하고자 합니다.

원가요인? 이 사업 자체로는 토즈 교대점 부스 빌리는 값 정도.

수익 흐름? 수입구조도 간단히 입장료 1만 원/인당 받는 정도.

다시 사례 비엠의 포지셔닝 서술문을 작성해볼까요?

IT 융합 코딩스쿨은 취업이나 창업을 앞둔 혹은, 진행 중인 xx라는 분이 가져오신 아이템 카테고리로 페이스북 yy페이지를 만들어내어 드리고, 거기에 어울리는 브랜드로 zz그룹을 열어서 자신의 아이템으로 컨셉팅, 코딩 교육훈련을 밟은 끝에 xxyyzz-BM이 나오게 해드려, 컨셉팅 역량, 창의성이 한층 진화되고 있는 자신을 지켜볼 수 있게 해드립니다.

아까랑 제법 달라진 걸 볼 수 있어요. 이게 캔버스가 가져다 준 효과로 보입니다. 이상으로 비엠 개발 전략 편은 모두 마쳤습니다. 이제 객체로 구현해낼 전술 편으로 접어들겠습니다.

비즈니스모델 캔버스 형식 예시　　사업명:　　　작성자:

워크시트 v-11

파트너	활동	제안가치	고객관계	타깃고객
	자원		채널	

원가요인　　　　　　　수익흐름

시트12 [오픈 소스로 BMDL 랭귀지를 개발합니다]

수도 없이 많은 이들이 비즈니스모델 개발을 시도하고, 엄청난 시행착오를 겪은 끝에 가서야 겨우 한두 개의 성공적인 비엠을 성공시킵니다. 그리고는 이 사회에 엄청난 혜택을 가져다 줍니다. 이게 여태까지의 기업 히스토리였습니다. 저흰 이걸 한번 바꾸어 보고자 나섰습니다. 이름하여 Cooperative Network Service를 한번 구축해보겠다는 뜻을 세웠습니다. 누구든 저희 네트워크에 조인하시면 먹고 사는 데에선 더는 고민하지 않고 살아갈 수 있게 해드립니다.

김주성 사장님께선 단국대점에 이어 이 두 번째 고객이 되시는 겁니다. 2호점, 이게 recursion 하면서는 이너서클(inner circle)을 이루게 되고, 그게 시스템 전체로선 CNS 1.0이 되어 나올 거라는 것이 제가 보는 새로운 프로그래밍 랭귀지 BMDL의 탄생입니다.

Most computer programming languages support recursion by allowing a function to call itself from within its own code.

어마 무시한 이런 교육훈련 서비스를 왜 거의 돈을 받지 않고 해드릴까요? 저희가 탄생시킨 비엠은 거의가 다 제조 서비스업입니다. 거기서 얼마라도 수익이 발생하면, 그 수익금에서 가리 10%를 떼어내어 오픈 소스로 개발하는 BMDL(Business Model Developing Language) 개발기금에다 적립하는 방식입니다. 물론 이는 모두 자발적입니다. 가리 떼는 이너써클에 동참하지 않으시는 분들은 저희 네트워크에서 떼어내어 드립니다. 이 기금으론 BMDL 개발에 참여하시는 개발자 파트너들께 얼마간 보수지급이 가능할 겁니다.

Why? BMDL 랭귀지 개발

How? CNS 객체구현 노하우 전수 서비스

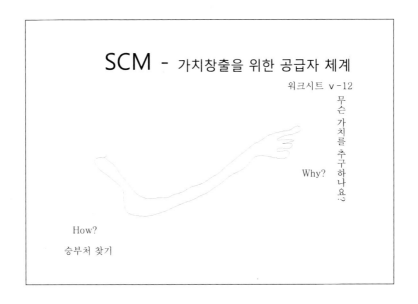

시트13 [동업이냐, 프랜차이즈냐의 이슈]

우리 힘의 삼 원칙을 한번 실습해볼까요? 서로 부딪는 두 힘이 있다면, 그걸 천천히 왜 그러는지 이유를 한번 들어 나열해보세요. 자연스레 화의 해법을 찾아내게 됩니다. 지금 우리의 사례에서는 사업자로 참여하시는 파트너들에게는 어떤 동기부여 책이 먹힐지 찾아내는 이슈가 되겠습니다. 크게 보면 동업이냐, 프랜차이즈냐의 이슈가 되지 않을까요?

pros

처음 1, 2호점 같은 경우는 이후의 가맹점들에겐 레퍼런스가 될 테니, 매우 중요한 가맹점이 될 거라 사료된다. 거의 사업의 승패를 좌우할 정도일 테니, 동업으로 가져가는 게 유리해 보인다. 다만, 그분이 우리 사업에 가장 중요한 한 축을 맡아주는 것이 전제 조건이다. 그렇게 되면, 1, 2호점이 사실상의 가맹본부가 될 거다.

그리고 3호점부터는 가맹본부(1, 2호점)가 컨셉팅, 코딩 해내는 노하우를 전수해주고선 가볍게 가맹점에 지분참여한다. 소출 개념이다. 그렇게 해서 점차로 헤아릴 수도 없이 많은 클론을 키워내는 것이다. 그게 네트워크 효과를 볼 수 있게 해줄 것이다.

cons

기존의 리더십 방안들에 비교해서 보면 이건 너무 파격적이다. 이게 과연 워킹할까? 사람은 감정에 의해 좌우되는 성향이 높은 동물이다. 이렇게 이성적으로만 움직이지 않는다. 반드시 무슨 피부에 와 닿는 간절한 경험을 거쳐야만 겨우 네트워크가 어떤 결속력을 보일 수 있을 것이다.

和

뭐, 간단하네요. 그렇다면 우리 팔하나포럼(BMDL개발이란 비전을 공유하는 동업자, 파트너 가맹점들의 모임)을 자주 개최해서 서로 간에 직접 만나 교류하는 만남의 장을 열어드려서 보완해내면 되지 않을까요?

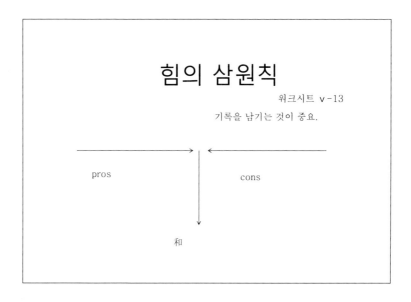

시트14 [너는 내게 무얼 주는데?]

이어서 등장하는 이슈가 고객관계관리 입니다. '어떤 고객들을 우리가 우선적으로 니즈 충족을 시켜드려야 할까요?'라는 이슈입니다. 여기서도 선택과 집중이 핵심입니다. 우리의 전략에 해당하지 않는 고객은 과감히 흘려보내야 합니다.

1. 취업 창업을 앞두거나 현재 진행 중인 분들 혹은, 이미 취업 창업을 하셔서 거기서 당면한 고민거리를 해소하고자 하시는 분들

2. 개발자 파트너, 사업자 파트너로 이너써클에 동참하시는 분들

우린 이분들께 IT 융합 코딩스쿨을 개최하고, 객체구현 개념훈련 해내는 노하우를 전수해서 이런 편익제안이 가능할 것입니다.

1. 컨셉팅, 코딩해내는 지식을 익혀서 지혜롭게 길을 열어가고, 고민 해소 방안을 찾게 해드립니다.

2. 먹고 사는 걱정 없이 안정적으로 자신이 하고 싶은 카테고리에서 일을 도모하고, 성취를 이루게 해드립니다.

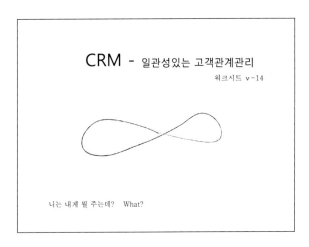

CRM - 일관성있는 고객관계관리
워크시트 v-14

니는 내게 뭘 주는데? What?

시트15 [컨셉팅하라, 그리고 코딩하라]

설 연휴 동안에 일본 규슈 남쪽 가고시마를 갔다 왔다. 온 가족이 총출동한 이 여행에서 심신이 다들 많이 상쾌해져 돌아온 걸 느낀다. 바쁜 일상에서 벗어나는 자체로만으로도 우린 그 동안 흩어졌던 기를 다시금 회복시켜주고 있다는 걸 느낀다.

오늘은 이어서 펌프 프라이밍(마중물) 전술로 넘어간다.

품질단서, 우리 서비스의 quality clue를 어디서 찾아야 할까요? 첫 사례, 즉 1, 2호점입니다. 사람들은 직접 자신의 눈으로 보아야 납득합니다. Seeing is believing! 1, 2호점의 성공적인 이륙은 그 무엇보다 중요해 보입니다.

색조화장, 무언가로 우리 서비스를 좀 번쩍번쩍하게 포장해볼 순 없을까요? 콘셉트 보드를 잘 만들어내서 객체모듈 곳곳에다 노출시켜보는 것은 어떨까? 핵심편익제안이 남달라서 쉽게 눈에 띌 걸로 사료되는데… 때마침, 서울대학교 소비자학과에서 올해 트렌드로 '마케팅 하지 마라, 컨셉팅 하라'라는 표어를 내 놓았다. 이걸 슬쩍 우리도 올라타 보면 좋을 듯.

유인책, 우리가 쓸 수 있는 미끼(bate)로는 무엇이 있을까요? 역시 우린 콘텐츠로 승부해야 하고, 그건 각기 페이지 그룹들로 구현해낸 객체모듈들이 제대로 작동하게 해주는 것이 중요하지 않을까요? 그때 각기 다양한 관심과 니즈를 가진 이들을 쉽게 끌어올 수 있을 것입니다.

이 셋이 고루 나와줘야 합니다. 그래야, 신랑을 끄는 신부가 될 수 있지요.

잘 나왔나요?

IT 융합 코딩스쿨 이벤트를 생성할 때에 이 콘셉트 보드를 올리고 여러 곳에다 공유시켜내는 것이 좋을 듯.

2월은 19일 화요일 밤 7시 반에 토즈 교대점에서 우리 만나요.

목표를 계량화 해서 측정치를 관리해나가야 합니다.

워크시트 v-15

유인책

품질단서

색조화장

"컨셉팅하라, 그리고 코딩하라"

iBooth
iBooth.net

Cooperative Network Service ...

CNS아이부스

코딩 랭귀지 스쿨 다니는 이들이 한결같이 두렵게 생각하는 것이 이걸 과연 어떻게 써먹을 지에 대해 감이 오질 않는다는 거다.
페이스북 페이지 – 그룹 조합으로 객체를 만들어내고선, 거기서 소통해내다 보면 인사이트가 열린다
여기선 누구나 표준화된 워크시트 18쪽을 올려놓고 소통해내니, 하나로 쭉 꿰어서 보고 들을 수 있는 학습효과를 갖게 해준다
창의, 의사소통, 콘셉트, 집단지성 이슈로 실습
직접 찾아가는 서비스로 의뢰인과 개발자 사이에 가로놓인 벽을 허물어 드립니다.

객체구현과 코딩서비스 특강

귀하를 컨셉팅 코딩의 전문가로 만들어 드릴까요?
It융합 코딩스쿨로 오세요, 입장료 1만원

it융합 코딩스쿨 www.iBooth.net

시트16 [리더십을 이루는 세 가지 규칙을 적용]

좋은 아침! 가고시마 잘 다녀왔어요. 김 사장님도 설날 연휴 잘 보내셨나요? 자, 이제 또 새로운 일상으로 돌아갑니다. 제가 여행 중에 얻은 지혜입니다. 우리 IT 융합 코딩스쿨과 융합코딩을 각기 달리 갖고 가는 게 좋겠다는 생각입니다. 앞은 오프라인 이벤트, 뒤는 그룹명입니다. 일단은 제가 이 융합코딩 그룹을 개설해서 시동을 한번 걸어볼 게요.

내 비전과 같이하는 이들을 찾아내어 남을 나와 함께 열정을 불태우게 하는 방안을 찾아내는 걸 일컬어 전 리더십 구현이라 합니다. 우리에겐 개발자와 사업자의 두 종류 파트너가 있습니다. 서두에서 개발자 파트너는 기금을 적립해서 얼마간 페이를 지급한다 했습니다. 그럼, 먼저 사업자 파트너들에겐 어떤 동기부여 책을 내놓느냐는 리더십 이슈를 한번 들어가 보겠습니다.

객체구현에서 우리가 이너써클을 이루는 방법은 간단합니다. 무슨 동업계약서 이런 거 쓸 필요가 없어요. 그냥 페이지 yy에 가시면 관리자라고 있습니다. 거기에 이름 xx가 들어가면 곧바로 연결된 zz그룹 사업에선 동업자가 되는 겁니다. 물론 동업자 관계가 청산될 때엔 역순을 밟으시면 됩니다.

가 보시면 관리자 레벨이 여럿입니다. 페이지에선 관리자, 편집자, 댓글 관리자… 등입니다. 그리고 그룹에선 관리자, 댓글 관리자가 있습니다. 관리자 권한이 줄어 들수록 보안 레벨은 거꾸로 높아집니다. 그리고 보안 레벨이 높아질수록 적게 나눠드리게 됨은 당연하다 할 것입니다. 조인하시는 분이랑 노력의 장이 같아 동업하는 관계라면, 관리자로 이름을 올려 드립니다. 관리자가 두 사람이면

1:1 동업, 여럿이면 1/N 동업 관계가 되겠습니다. 반면에 노력의 장이 다른 경우라면 편집자로 이름을 올려 드리는 것이 좋겠습니다.

동업이 아닌 경우엔 따져 보아야 할 것이 소유레벨과 협업정책입니다. 페이지 yy에 관리자로 올라가게 되면, zz그룹에선 자동으로 관리자가 됩니다. 하지만 편집자로 올라가는 경우엔 반드시 zz그룹에서도 관리자로 지정해드려려야 그나마 신이 나서 같이 협업하시게 된답니다. 아시다시피 소유레벨을 올려 드릴수록 협업하시는 분의 열정은 정비례해 올라갑니다. 저흰 가맹본부, 가맹점이 1:4로 소유지분을 나눕니다. 가맹본부가 zz그룹의 20% 지분만을 갖는 방식입니다. 이를 일컬어 소출을 떼는 관계라 부릅니다.

그리고 자신이 갖고 온 비즈니스라고 여기는 분께는 애초에 스스로 그룹을 열게 해드려, 종래엔 그 소유권이 자기 거라는 걸 명확히 해드립니다.

다음이 믿음 레벨과 사수정책 입니다. 저흰 동업 혹은 소출 관계 여부를 떠나 이너써클에 속하신 분이라면, zz그룹 사업에서 수익이 나면 수익금에서 가리 10%를 뗍니다. 이를 지키지 않을 경우엔 그 즉시 이너써클에서 열외시킵니다(『콘셉트 경영』 p. 153쪽 참조).

어때요, 리더십을 이루는 세 가지 규칙이 잘 적용되어 나왔나요? 비전을 갖고 행동에 옮기면, 이렇듯 기적이 일어납니다.

여기서 개발자 파트너를 위한 리더십을 좀 더 고찰할 필요가 있어요. 앞에서 언급한 단순한 보수뿐만이 아닌 시스템적으로 리더십을 구현해내는 것이 중요해 보입니다. 비즈니스모델 개발랭귀지 BMDL 개발기금을 적립운용하기 위해 저희가 미리 비영리단체를 하나 만들어놓은 게 있습니다. 팔하나포럼 이며, 윤여진 님이 사무총장을 맡고 계십니다. 우리가 계획하는 사업이 가치가 있다면, 그

뜻에 호응하는 이들이 구름같이 모여들어 저흴 지지해줄 것입니다. 그래서 포럼이란 명칭을 썼습니다. 팔하나는 BMDL 랭귀지가 나오게 된 근본 에너지가 이 계획 8단계와 실행 1단계인 8-1로 들여다보는 규칙을 세운 데에서 비롯했다는 것을 뜻합니다. 영어로는 Palhana라고 브랜딩을 했습니다

그리고 우리가 BMDL을 개발하는 방식을 오픈 소스로 가져갈 계획이라 했습니다. 우선은 왜 우리가 오픈 소스로 가져가는 게 유리하다는 걸까요? 우린 랭귀지를 새로 하나 만들어냅니다. 그 산출물이 널리 인류를 이롭게 하는 목적으로 쓰인다 했어요. 그렇담, 군이 우리가 이걸 폐쇄형으로 가져갈 필요가 없을 거라는 겁니다. 같이 하시나요?

그렇담, 여기서 '오픈 소스 포럼'이라는 단체를 향후엔 하나 더 생성해내야 할 거라는 것이 제가 찾은 포인트입니다. 팔하나포럼이 추구하는 일은 우리가 만들어낸 랭귀지를 널리 세상에다 유포해서 네트워크를 확장하는 효과를 보자는 취지입니다. 그에 반해, 오픈 소스 포럼 같은 경우엔 그런 비전 보다는 여하히 우리의 오픈 소스 테크놀로지를 더욱 정교하게 기술을 가다듬는 일에 주력해보겠다는 취지가 될 걸로 사료됩니다. 팔하나포럼, 오픈 소스포럼 이 둘은 같은 일을 하나, 성격은 각기 다른 일을 하고 있는 셈이지요. 이건 어느 일정 시점이 지나면, 두 개로 분리시켜내어 주는 게 합당해 보입니다. 김 사장님이랑 제가 앞으로 이 타이밍을 유의해서 지켜보아야 할 것입니다.

Leadership, 지배구조 개선책

워크시트 v-16

_____ 기업들의 리더십 원천은?

기업형태
(_____산업)

주식회사
유한회사
합자회사
개인회사

프랜차이즈
협동조합

시트17 [인류 자원의 효율적인 활용]

워밍업을 마쳤고(시트 0-5) 포지셔닝 조사를 끝냈습니다(시트 6-11). 그리고 객체구현 전술 편도 다 마쳤습니다(시트 12-16). 이제 남은 건 실행에 들어와서 객체구현을 해내는 일입니다(시트 17-18).

자, 그럼 요구사항 수렴 편에 들어갑니다.

지금은 저희가 객체구현 해낸 모듈들이 모두 페이스북 페이지, 그룹의 조합입니다. 처음에 가치소통, 쉼터 팔하나 - 원펀치 했었고, 이어 아이부스 - 개념훈련, 아이부스 단국대 죽전캠퍼스점 했습니다. 또 이번엔 IT 융합 - 객체구현, 융합코딩 했습니다. 이걸로 우린 아주 훌륭하게 저희가 원하는 기능 요구사항을 목적달성 해내고 있습니다. 정말 놀라운 페이스북의 객체지향 모듈구현 기술입니다. 하지만, 이게 상당히 무겁다는 느낌을 지울 수가 없어요. 언젠가는 페이스북의 포괄적인 기능들로 인해 우리가 원하는 객체구현 기능이 삐걱거릴 가능성이 엿보인다는 것이 흠이라면 흠입니다.

어때요, 우리 새로운 객체지향 프로그래밍 언어를 개발해서 이 위험요소를 근본적으로 해소해내는 것이 어떨까요? 그리고 어쩜 우리의 이 BMDL 개발이라는 신개념 프로젝트가 자원의 효율적인 활용이란 측면에서 인류에게 어마한 가치를 증진시켜내어 줄 수 있을지도 모르겠다는 게 제 예감입니다. 좋습니다, BMDL 랭귀지 개발 프로젝트를 한번 가동해보겠습니다.

요는 설득력입니다. 여태 시트12 이후 객체구현 전술 편을 진행해오면서는 우리가 지향해온 CNS 1.0 개발 spec들이 어떻게 나왔죠?

1. 페이스북 페이지 yy, 그룹 zz 모듈기능

2. 페이스북 내 타임라인 xx 기능

3. 워크시트 0-18쪽을 올려서 소통해내는 기능

4. 페이지 이벤트 생성 및 티켓팅, 홍보 기능

5. 동업 및 소출 지분참여하고, 수익금 가리 떼는 기능

6. Object clone 생성이 가능한 recursion 기능

7. 네트워크 이벤트 생성 및 티켓팅, 홍보 기능

8. 메신저 기능

9. 블록체인 기능

　　잘 나왔나요? 이 정도면 미래의 프로그래밍 랭귀지로서 갖춰야 할 중요 요소는 얼추 다 갖춘 걸로 사료됩니다만…

요구사항 수렴 시에 반영

워크시트 v-17

시트18 [아이부스 2호점이 개설되는 현장을 보여드렸습니다]

객체구현의 핵심 포인트는 우리의 사이버 세계와 현실 세계를 하나로 이어주는 매개체라는 겁니다. 지금까지 나온 숱한 서비스들이 이 간극을 좁히려고 노력해왔으나, 여전히 그 갭은 존재합니다. 그로 인해 여러 시행착오를 겪고 나서야 사람들은 비로소 제대로 된 비엠을 찾아내는 것이 지금까지의 패튼 이었습니다. 하지만 이 패러다임을 저희가 이젠 바꿔내는 데에 성공했다고 감히 자부합니다.

어디 이젠 우리 자신 스스로를 한번 객체구현 해볼까요?

"객체구현 노하우를 전수해드립니다."라는 제목으로 저흰 여태 진행해왔고, 이제 드디어 종착역에 이르렀습니다. 전년도에 아이부스 단국대 죽전캠퍼스점을 1호점으로 개설한 데에 이어, 지금껏 융합코딩이라는 아이부스 2호점이 개설되는 사례를 보여드렸습니다만 어때요, 쉽게 이해하셨나요?

이게 앞으론 계속해서 3호점, 4호점… 같은 방식을 밟아 클론을 복제해낼 겁니다. 프로그래밍 용어로 recursion 기능이라 하지요. 이걸 가장 실효성이 높게 구현해내는 새 프로그래밍 랭귀지를 저희가 개발할 것입니다.

그 결과, 우린 하나의 탄탄한 생태계를 이룰 것입니다. 거기서 창의와 집단지성을 마음껏 발휘하고 누리면서 각자의 미래를 가꾸어 갈 것입니다. 우리가 여태는 보지 못했던 전혀 새로운 세상이 펼쳐질 걸로 사료됩니다.

기대되시나요?

이상으로 제가 가졌던 객체구현 노하우를 전부 전수해드렸습니다.

객체지향 시스템 모델링

워크시트 v-18

어떤 이의 작업과도 잘 어울릴 수 있게끔 시스템을 구현

IV

융합코딩 그룹

www.iBooth.net

컨셉팅하라, 그리고 코딩하라

컨셉팅하라, 그리고 코딩하라

코딩하는 이들이 자기가 무얼 만들고 있는지를 모르면 절대로 좋은 코딩이 산출물로 나오지 않는다는 사실 조차도 몰라요. 그저 단순 로봇처럼 코딩 해낼 뿐입니다. 이건 아닙니다.

먼저 컨셉팅부터 하시기 바랍니다. 그리고 나서, 코딩 하세요.

그 바람을 우리가 한번 일으켜 보자는 겁니다.

5월에 책이 나오고 나면, 6월부터는 고객을 만나는 오프라인 이벤트를 기획하고 있습니다. 그리고 코딩 강사가 선정되고 나면, 7~9월엔 융합 프로그래머 1기 과정을 출범시킬 계획입니다.

6월부터는 매주 화요일 밤 7시 반~9시 반에 토즈 교대점에서 IT 융합 코딩스쿨을 갖습니다.

귀하를 컨셉팅 코딩 전문가로 만들어 드리겠습니다. 입장료 1만원.

여행을 하다 보면, 좋은 인사이트를 얻습니다

설 연휴에 가고시마 가족여행을 다녀왔습니다. 거기서 얻은 인사이트.

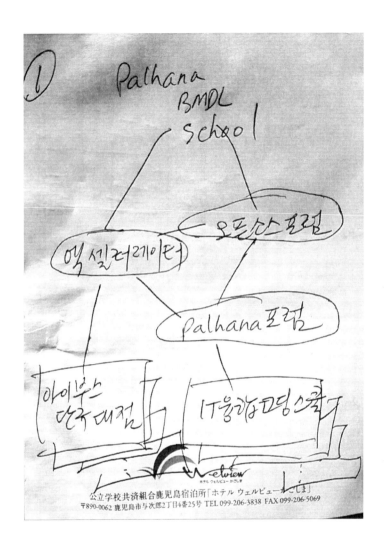

시트0 [지금은 컨셉팅 시대]

작년『콘셉트 경영』에 이어 또 한 권의 책을 기획 중입니다. 이번엔 제호를 "컨셉팅하라 그리고 코딩하라"로 방향 잡았습니다.

마치 서울대학교 소비자학과에서 2019년 트렌드로 '마케팅하지 마라, 컨셉팅하라' 했던 걸 패러디한 느낌이지 않아요?

좀 유치하긴 하지만, 한국에서는 이렇게 나가야 책이 팔릴 거라는 예감입니다.

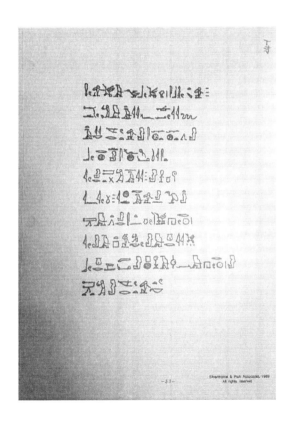

시트1 [No pain, no gain! 시도해보지 않으면 얻는 것도 없어요]

"컨셉팅하라 그리고 코딩하라"

책자 『콘셉트 경영』을 작년 초에 내었습니다. 거기서 다룬 내용이 원펀치 출판사 비엠 탄생이었습니다. 그러다 저희 콘텐츠가 단국대 LINK+ 사업에 들어가게 되었고, 거기서 학생들을 가르치기 위해 탄생한 비엠이 개념훈련, 아이부스 단국대 죽전캠퍼스점이었습니다. 또 이어서 일반을 대상으로 코딩스쿨을 열게 되었고, 거기서 가르치기 위해 탄생한 비엠이 객체구현, 융합코딩이었습니다. 또한 코딩으로 저희 사업에 동참하시는 분들께 더 큰 동기부여 책을 드린다고 탄생한 것이 새로 등장한 원펀치 BMDL 비엠입니다.

이렇듯 콘셉트 경영에서 비롯해 여러 가지를 쳐온 것이 지난 일 년이었습니다. 이제 또 새해를 맞아서 이 모든 콘셉트 경영 이후에 일어났던 비즈니스모델이 개발되어온 콘텐츠를 담아서 책자를 하나 새롭게 낼 계획입니다. 그 책 제목이 "컨셉팅 하라, 그리고 코딩 하라"로 방향 잡고 있어요.

관심 30개를 적으세요

워크시트 v -1

시트2 [효율적으로 공동 집필할 수 있는 방안]

책 집필에 들어간다고 하니 우리도 한번 스스로를 살펴볼까요?

4P

이 일을 도모하는 목적이 뭘까요? 글쎄요, 단도직입적으로라면, 우리가 계획하는 IT 융합 코딩스쿨 학원사업이 제 궤도에 오르게 하기 위함이 아닐까요?

얻고자 하는 산출물은? 프로그래머로서 자신의 커리어를 관리하고자 하는 사람들이 반드시 몸에 익혀야 하는 필독서

준비물은? 김 사장님이랑 나, 그리고 그간 살아오면서 쌓아온 경험, 자료 등. 역지사지(易地思之) 태도

어떤 절차를 밟아서? 목차를 잘 구상해 설정해 놓고선 나아가는 겁니다. 서로 간에 흉금 없는 소통은 필수입니다.

4R

사회자와 촉진자는 제가 될 테고,

서기, 참석자는 김 사장님이 되셔야 하지 않을까요?

시트3 [이공계가 눈을 뜨고자 할 때 가장 적합]

논에 미꾸라지를 풀어놓고 키울 때 메기를 한두 마리 넣어주면 그 미꾸라지들이 크고 튼튼하게 잘 자란다는 얘기가 있다. 이런 게 삶의 지혜라는 거다. 누가 가르쳐주는 게 아니라 스스로 깨우치는 성격인 거지요.

몇 분을 책을 모니터링 하는 역할을 해주십사 하고 이곳 그룹에다 모셨습니다. 잘 부탁 드리겠습니다.

무슨 일을 도모할 때건 이 질문에 답해보다 보면, 늘 각오가 새로워지는 자신을 발견합니다. 한번 답해보겠습니다.

1. 늘 창업하고 있습니다. 마음 자세를 또 고쳐먹고 임해보렵니다.
2. 아이부스 가맹점이 이번으로 두 번째입니다. 어느 쪽이든 혼신의 힘을 다 경주해서 제가 찾아낸 이 이론이 워킹한다는 걸 보여드려야 합니다. 그래야 널리 보급이 될 겁니다.
3. 숍인숍으로 들어가는 제 처지에선 그저 콘텐츠만 잘 다듬으면 되지 않을까요?
4. 이번 2호점은 코딩스쿨 학원사업입니다. 국가에서 장려하는 업이니 얼마간 보조를 받을 수 있을 겁니다.
5. 고객이 가져오는 아이템을 잘 키워내어 드리면 됩니다.
6. 비즈니스가 될까요? 아마도 크게 자랄 겁니다.
7. 시행착오를 늘 상 반복하던 사람들을 좀은 더 지혜롭게 만들어 줄 것입니다.
8. 앞으론 살아남기 위한 경쟁력에 관심 있어 하지 않을까요?
9. 이공계가 눈을 뜨고자 할 때에 가장 적합해 보입니다.
10. 월 수강료에 한 백 만원 미만? 금액은 그리 중요해 보이질 않습

니다.

11. 페이스북 객체구현 기술을 활용하면 되고, 나중을 위해서 자체 시스템을 구축해볼 요량입니다.

12. 널리 보급하는 것이 목적입니다. 굳이 이런 장치는 필요하지 않을 겁니다. 누구든 갖다 쓰시는 걸 오히려 권장합니다.

13. 1호 가맹점은 단국대학교랑, 2호 가맹점은 김 사장님이랑 같이 갑니다.

14. 만일의 경우에 실패한다면? 그냥 책자 하나 남기는 거지요. 훗날 누군가는 이 일 도모가 갖는 가치를 인정해줄 것입니다.

다음 이슈에 답해 보시겠어요

워크시트 v -3

1. 난 창업할 태도가 되어 있나,
2. 왜 창업해야 하지,
3. 창업자금은 어떻게 마련하나,
4. 내 아이템은 정부지원 자금을 받아내기에 적합할까?,
5. 아이템은 어떻게 발굴해내나,
6. 내가 찾은 아이템으로 과연 비즈니스가 될까,
7. 세상엔 어떤 가치를 창출해줄까?,
8. 사람들은 무엇에 관심 있나,
9. 내 소비자는 누구지,
10. 과연 내 아이템에 소비자는 얼마나 돈을 지불할까,
11. 내 아이템을 어떻게 객체로(기술로) 구현해낼까,
12. 상표나 특허장치는 해낼 수 있나,
13. 누구랑 같이 갈까,
14. 만일에 실패라도 하게 되면 난 어찌될까

시트4 [이번 책 출판 기획의 목적은?]

원펀치 출판사가 책을 만드는 요령은 전혀 엉뚱해 보입니다. 그저 시트를 올리고서는 떠오르는 대로 글을 짓습니다. 그리고는 한동안이 지나 원고 량이 제법 찼다 싶으면 그 때가서 책 제호를 정하고서 발간합니다. 얼핏 보면 무질서해 보이지만, 그게 아닙니다. 이게 컨셉팅하는 겁니다. 어떤 가치를 하나 지향하고 있었던 것입니다.

여기서 나는 나와 김주성 사장님

원자재는 살아온 지혜와 전문지식, 역지사지 해내는 태도

고객, 이해당사자는 대학생, 일반인, 사업자와 개발자로 저희 리더십에 동참하시는 이들

이분들이 생업공간에선 다들 취업, 창업, 기업 경영, 인간 관계, 소통역량, 코딩역량 등에 고민거리를 안고 살아가고 있을 겁니다.

그 고민거리들을 해소해드릴 수 있는 방안을 찾는 것이 나와 김 사장님 노력의 장이 되어줘야 합니다.

뒤의 그림은 그렇게 해서 나온 저희의 비전과 전략입니다. 전혀 무에서 유를 창조해내다 보니, 시간이 많이 걸려서야 나왔습니다.

이게 총체적으로 다 들어가 하나의 잘 정리된 책자로 되어 나오는 것이 이번 책 출판 기획의 목적이라 하겠습니다.

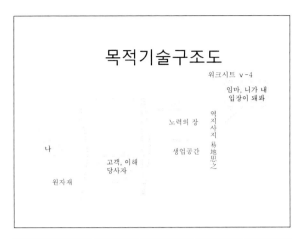

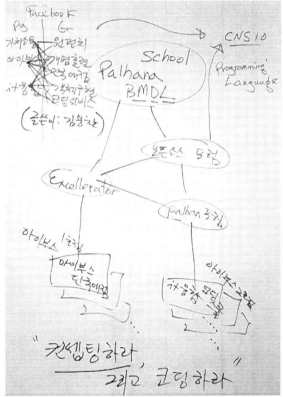

시트5 [이 책이 독자께 드리는 가치제안]

길 가다가 벽돌을 놓고 있는 벽돌공을 만나서 물어봅니다.

뭐 하고 계세요?

한 분은 "벽돌 쌓고 있어요."

또 한 분은 "노부부가 살 집을 짓고 있어요."

각기 다른 두 대답을 들었습니다.

과연 누가 지혜로운 삶을 살고 있는 걸까요?

우린 동일한 주제의 콘텐츠를 갖고서

한 쪽에는 아이부스 단국대 죽전캠퍼스점을 열고

또 한 쪽에선 융합코딩을 열어서

각기 대학과 일반을 대상으로

개념훈련 객체구현 노하우를 보급해나갑니다.

다시 말해, #컨셉팅 #코딩 노하우를 보급합니다.

컨셉팅하라 그리고 코딩하라

이 둘 사이엔 항시 앞 뒤 순위가 있습니다.

이걸 지켰을 때, 우린 지혜로운 사람이 됩니다.

귀하께서도 페이스북에서 페이지, 그룹을 하나씩 개설해 연결해 보세요.

그리고 그 안에서 서로 대화를 주고받아 보세요.

원하시는 코딩 노하우도 거기서 주고받아 보세요.

놀라운 역량을 갖추어가는 자신을 보게 될 것입니다.

여행 감상문을 적으세요

생활코딩 vs 융합코딩

쉽게 잘 설명해주고 있습니다. 훌륭하네요.

현실의 문제를 해결하기 위해 코딩을 배운다고 하십니다.

저흰 IT 융합을 해내기 위해 코딩을 배우고 있는데.

YOUTUBE.COM

코딩, 우리가 코딩을 배워야 하는 이유(Feat. '생활코딩' 이고잉 대표)

온라인 무료 코딩 사이트를 창업해 약 5만 명의 회원을 이끄는 '생활코딩' 이고잉(가명) 대표!

피터 드러커의 [자기경영노트]

거기서 피터는 경영자가 자기 노트를 잘 관리해내는 것이 경영의 비법이라 했다.

세월이 흘러 인터넷 시대다. 이 경영자의 자기 노트가 이젠 남들과 적당한 선에선 공유해낼 수 있는 환경이 되었다. 혼자보다는 여럿이서 공유하는 것이 훨씬 이로움은 당연지사.

공유 대상이 소비자요, 이해 당사자가 될 수 있을 것이니, 이들과의 소통으로 당연히 더욱 지혜로운 경영이 가능해지는 것이다.

대학 당국과 김 사장님께 내 『컨셉팅하라 그리고 코딩하라』의 콘셉트와 교안을 내놓고서 같이 동조해주길 바라고 있지만, 그 답변이 영 시원치가 않다.

도무지 무슨 생각들을 하시는지 원, 나로선 통 납득이 가질 않는다.

협업이 이렇게 힘들 줄이야. 정말로 장난이 아니다!

마치 쥐들이 고양이 목에 방울을 다는 심정이다.

IT 융합 『경영의 실제(The Practice of Management)』(1954)가 나온 해에 나왔다고 알고 있다. 여기서 주장한 내용이 Management By Objectives라는 목표지향관리 이론이다.

IT 융합 필자가 『개념경영』(2012), 『콘셉트 경영』(2018), 『컨셉팅하라 그리고 코딩하라』(2019)에서 Management By Concept를 주장해온 것과 매우 대비되어 보인다.

IT 융합 그냥 아무것도 없이 무에서 시작한 것이 이 컨셉팅이요, 코딩입니다. 그냥 제가 살아온 것에서 느낀 바를 하나씩 글로 옮기기 시작했어요. 그러다 보니, 아하, 이건 최소한 필요하겠는데 하는 깨우침에서 또 다음의 하나를 진도 내고 이렇게 하다 보니, 어언 한 십육 년 흘렀을까요? 후학들을 위한 책도 몇 권 나오게 되었고⋯ 나름, 소득을 만들어가고 있는 자신을 발견하게 되었습니다. 그래서 나온 게 이렇게 하시면 '여러분께서도 먹고 사는 데에서 자유로워지실 수 있어요.' 하게 되었답니다. 이 노하우를 한 마디로 축약해서 나온 말입니다. 컨셉팅하라 그리고 코딩하라.

IT 융합 그러다 한 분을 만났습니다. 그분은 이력이 코딩서비스 분야입니다. 내 그래 그분에게 그룹을 한번 내어 볼 것을 권해드렸고, 그래서 탄생한 것이 이 융합코딩입니다. 제가 십육 년 밟아오던 컨셉팅을 그리고 그분이 십이 년 영위해오던 사업 노하우인 코딩을 동시에 한 곳에서 우리 실험하기 시작한 겁니다. 여기서 과연 어떤 융합 아이템이 탄생하는지를 한번 지켜보기 시작했습니다. 역시나 처음 이륙하기가 만만치가 않다는 걸 느낍니다. 지금 에너지를 한껏 끌어올리고 있는 중입니다. '화이팅!'을 빌어주세요. 그리고 무엇이 나올지를 기대해주시겠어요?

원펀치 출판사 책은 모두가 다큐멘터리

제 책 원고도 모두 인터넷에 올랐던 내용들이고, 실제(real)입니다.

… 판사 출신인 이현곤 변호사는 "소송 당사자가 직접 작성한 서면은 기본적으로 일방적 주장이라고 보지만 일기장은 성격이 다르다."라며 "일기장은 작성 시기가 명확하고 연속적으로 기록돼 있기 때문에 중요 증거가 되는 경우가 적지 않다."라고 했다.

… 다만 일기장과 메모에 조작 흔적이 엿보일 경우엔 증거로 인정되지 않는다. 한 쪽짜리 메모도 작성 시점을 특정하기 어려워 증거로 인정받지 못하는 경우가 많다. 신빙성이 의심될 경우 법원은 전문가에게 필적·재질 감정을 의뢰하기도 한다. 컴퓨터로 쓴 메모 파일의 경우엔 최종 수정 시점 등을 따진다.

NEWS.CHOSUN.COM
25년전 일기·100쪽 메모… '미투' 결정타 되다
"일기장이 거목(巨木) 쓰러뜨렸다." 고은 시인이 최근 본인을…

세일즈포스 vs 융합코딩

또 한 가지 방법은 융합코딩 '서비스' 받으시는 겁니다. 전략과 전술이 바로 선 성공하는 비엠과 소프트웨어가 탄생해 나오게 해드립니다.

… 한 가지 방법은 검증된 소프트웨어를 '빌려서' 쓰는 것이다. 이를테면 전 세계 고객관계관리(CRM) 소프트웨어 분야의 1위인 세일즈포스(Salesforce)가 만든 소프트웨어를 직원 1인당 월 몇 달러씩으로 임대해 쓰는 방법이 있다. '세일즈포스, 디지털 혁신의 판을 뒤집다'에서는 기업이 세일즈포스를 이용해 디지털 혁신을 이루는 방법을 이야기한다. 외국계 컨설팅 회사에서 기업의 디지털 전략을 컨설팅하는 김영국·김평호 씨와 세일즈포스 전문 개발자인 김지민 씨 등 한국인 저자 세 명의 생생한 현장 경험을 담았다.

BIZ.CHOSUN.COM
[이코노 서가(書架)] 고객 데이터 관리 중요한 줄 알지만 中企가 어떻게…
4차 산업혁명이니 디지털 전환이니 떠들썩한데, 우리 회사 같은…

귀하와 귀 팀을 취업 창업에 유리한 실전코딩 전문가로 만들어 드리겠습니다

융합코딩 1기(7~9월)를 모집합니다.

귀하와 귀 팀을 취업 창업에 유리한 실전코딩 전문가로 만들어 드리겠습니다.

많이 성원 바랍니다^^

IT 융합 코딩스쿨에선 취업이나 창업을 준비중인 xx라는 분이

가져오신 아이템의 시장 카테고리로 yy 페이스북 페이지를 만들어 드리고,

브랜드를 같이 찾아내어 그 이름으로 zz 페이스북 그룹을 열어서

저희가 찾아가는 서비스로

자신의 아이템으로 #컨셉팅, #코딩 교육훈련을 밟게 한 끝에

자신에게 알맞은 실패하지 않는 xxyyzz-BM이 탄생해 나오게 해 드려

취업 창업에서 성공하게 해드립니다.

여태껏 저희가 찾아내어 활성화시켜온 레퍼런스 들입니다.

김주성(Jusung Kim) - **AI 코딩서비스** - **융합코딩**

David Choi - **거리찬양단** - **거리찬양단 그룹**

김용찬(Yong C. Kim) - **IT 융합** - **객체구현**

김용찬(Yong C. Kim) - **아이부스** - **개념훈련**

김용찬(Yong C. Kim) - **가치소통** - **원펀치**

먹고 사는 게 점차로 힘든 시절로 접어드는 것 같습니다. 그렇지만, SNS를 잘 활용해내고 컨셉팅 코딩 역량을 길러내시면 그래도 남다른 기회를 얻게 될 거라는 게 저희 생각입니다. 등록하시는 분

들껜 각기 성공사례를 만들어 내어 취업 창업에서 꼭 성공하시게 도와 드리겠습니다.

여기서 작업하는 살아있는 현장 콘텐츠는 언제 어디서든 융합코딩 www.iBooth.net으로 접속, 회원가입 신청하심 보실 수 있습니다.

IBOOTH.NET
www.ibooth.net

"컨셉팅하라, 그리고 코딩하라"

대학생 및 일반인, 신입 및 경력, 팀장 및 경영자가 학습 대상입니다. 코딩 완전초보부터 시작해서 시니어까지 자신의 전공에 코딩을 활용해낼 수 있는 수준으로 끌어 올려드립니다.
일정한 프로시쥬어를 밟게 함으로써 사업계획 및 실행 솔루션을 찾는 과정에다 창의와 집단지성을 더했습니다. 개념훈련 객체구현 융합코딩으로 컨셉팅 코딩 해내는 노하우를 전수해드립니다. 비즈니스 현실세계에서 필요로 하는 규칙세우기가 좀은 더 편리하게 구현된 것이 소프트웨어이고, 그걸 이루어내는 게 코딩작업입니다.
귀하와 귀 팀을 취업 창업에 유리한 실전코딩 전문가로 만들어 드리겠습니다.

AI언어 학습 프로그램

귀하를 컨셉팅 코딩의 전문가로 만들어 드릴까요?
수강료는 성과가 있으면 지불하시기 바랍니다.

융합코딩 www.iBooth.net

IT 융합 it services pool 이란 개념의 등장
융합코딩하다 보면, 결국엔 객체지향 모듈들이 쌓이게 되고, 이게 하나 둘 늘어나는 아이부스 가맹점들의 수요에 부응하게 될 것입니다. 이 모듈들이 서비스하는 시스템을 우린 CNS 1.0(협동네트워크 Cooperative Network) 서비스라 부르게 될 것이며, 이들은 집체적으로 it services pool이란 새로운 개념을 갖게 될 것입니다. #itspool이란 이름을 IT 융합이 갖게 된 사연입니다.

시트16 [플랜 A와 플랜 B]

우린 여의치가 않을 때엔 둘러갈 수 있게 금, 항시 다른 대안을 갖고서 일 도모에 임해야 할 것입니다.

"컨셉팅하라 그리고 코딩하라"라는 슬로건으로 학원사업을 하나 계획 중입니다. 근데 문제는 제가 혼자서는 이 사업을 영위하기가 힘에 벅차다는 겁니다.

누군가가 같이 해 줄 동업자를 필요로 합니다. 그게 누가 되어야 할까요?

이런 역할을 맡아주실 분이시면 좋겠습니다.

1. 컨셉팅이야 제가 가르치지만, 코딩은 이제 제가 맡기엔 역부족으로 느껴집니다. 눈도 잘 보이질 않으니, 그리고 오랫동안 컴퓨터 모니터를 쳐다보는 것이 몸에 상당한 부담으로 여겨집니다. 그렇습니다, 시니어 프로그래머급 이상이 최소 한 분은 필요합니다.

2. 학원 개업하려면 초기엔 얼마간의 투자가 필요합니다. 저흰 토즈 교대점이라는 시설을 빌려 쓰기에 큰 투자는 아닐 테니, 저랑 같이 나누어서 약간의 경비만 충당할 수 있으면 족하지 않을까요?

이런 니즈에 맞춤형으로 등장한 분들이 김 사장님, 황 사장님, 이 회장님이십니다. 또 다른 제 삼의 인물 등장 가능성도 열어 놓겠습니다.

플랜 A

이 세 분이 공히 동참하심 어떨까요? 지분을 1/4로 나누면 다들 해피해 하지 않을까요? 다들 자기 일이니, 죽기 살기로 열심을 다할 걸로 보입니다만⋯.

플랜 B

중복되는 인력이 어쩌면 일의 진척을 방해할지도 모릅니다. 김 사장님 그리고 황 사장님/이 회장님, 제 삼의 인물 세 파티로 나누어서 한 쪽만을 동업자로 취하는 겁니다. 1/2, 혹은 1/3 동업이 되는 겁니다. 우린 융합코딩 그룹의 관리자로 누굴 등재시키느냐에 달렸으니 이 동업 개념은 쉽게 정리가 될 것입니다.

그게 플랜 A와 B 중에서 어느 쪽으로 될지는 상황과 여건이 허락하는 걸 잘 지켜보아서 결단을 내리면 될 것입니다.

이상하게도 하나님이 아직은 명쾌하게 답을 주시지 않고 있어요.

오늘은 잡토이 만들기 코딩학원에 축하해주러 갑니다. 사 년 전인가 저희에게 의논 나누어서 시작한 사업입니다. 그게 약간의 결실을 본 걸로 보입니다. 여기서 하나님의 뜻이 어디에 계신지 허심탄회하게 같이 의논을 한번 나누어 보아야겠습니다. 오늘은 기쁜 날!

Leadership, 지배구조 개선책

워크시트 v-16

_____ 기업들의 리더십 원천은?

기업형태
(_____산업)

주식회사
유한회사   프랜차이즈
합자회사   협동조합
개인회사

잡토이 만들기 코딩학원 탐방

오늘 파주시 목동트윈프라자에 잘 다녀왔습니다. 잡토이 만들기 코딩학원의 앞날에 큰 번영이 있길 기원 드립니다

또한 저희 융합코딩이 거기에 약간의 기여를 할 수 있기를⋯

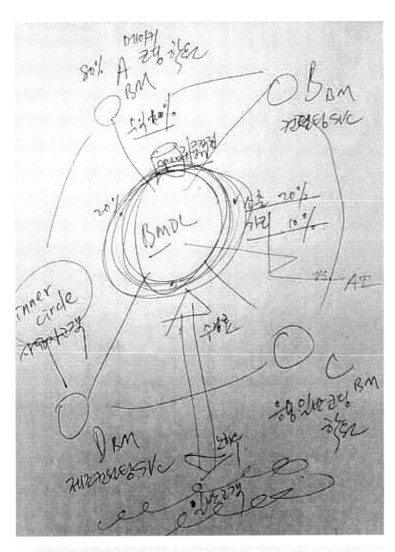

IT 융합 혼자서 똑똑하면 뭘 합니까. 둘 이상이 힘을 모으면 못 당합니다. 이게 지혜라는 겁니다. 더는 어리석은 혼자 잘난 어른이 되질 않기 위해 발버둥을 쳐보렵니다.

시트 13, 14 [어디로 학원을 열어야 할까]

비엠은 처음엔 조그마하게 시작하는 게 좋다는 생각을 평소에 갖고 있습니다. 그게 일단 내부에서 탄력을 받게 되면, 자연스레 빅 비즈니스로 순식간에 올라설 거라는 믿음을 전 갖고 있습니다. 리스크를 줄일 수 있으며, 모자라는 전술을 보강해낼 수 있는 시간도 벌게 되는 일석이조의 효과도 볼 수 있지요.

오늘은 참 이상한 날입니다. 5년 뒤면 GTX가 들어오는 지점에 파주 운정홈플러스가 있고, 그 주위로 학원가가 형성되어 있다고 합니다. 청암초등학교 이웃이라는군요. 여기가 우리 IT 융합 코딩 스쿨을 열기엔 적합한 곳이라는 걸 알게 되었습니다. 김 사장님이랑 황 사장님이 모두 출강 나오기에 가까운 것이 큰 이점.

그리고 한 2년 정도는 강남역 7분 거리, 신논현역 5분 거리에 위치한 삼호종합상가 3층에 있는 강의실을 실비로 이용해도 좋다고 호의를 베푸는 친구를 만났습니다. 평일엔 거의 비어 있으니 이용이 가능하다고 합니다.

그렇다면 간단히 결론이 나옵니다. 평소엔 운정홈플러스 근처 학원가에다 우리 학원이 둥지를 틀고 한 번씩 강남역 이웃한 강의실로 교통이 여의치 못한 고객들을 만나러 마중 나오는 겁니다. 일주일에 한두 차례면 족하지 않을까요? 그리고 아마도 우린 온라인에서 연회비를 받는 방식이 좋지 않을까 합니다. 그 채널을 비공개로 해서 철저히 연회비를 낸 수강생들로만 출석을 허용하는 겁니다. 그 연회비는 한 오백만 원 정도로 예상.

그렇게 되면, 우린 코딩스쿨 1호점이 파주 학원가에, 2호점이 강남역에 자리잡게 되는 날을 보게 될 겁니다. 1호점 운영하면서 언게 된 사람과 경험이 2호점 이류에 동력이 되어줄 것입니다. 한쪽에선 파트너들과 같이 교육콘텐츠를 개발합니다. 다른 한쪽에선 수강생들에게 노하우를 전수합니다.

돌아보니, 이번 유닛은 "컨셉팅하라 그리고 코딩하라" 책자 발행에 즈음하여 이 책을 읽는 독자들에게 드릴 수 있는 제안혜택과 코딩학원사업을 같이 하실 분들을 찾아내는 과정을 담았나 봅니다. 여태와는 달리 상당히 자유롭게 진행을 밟아 보았습니다. 이 자체로서 코딩스쿨 교육콘텐츠가 됨은 물론입니다.

이상으로 제가 맡은 원고 분은 집필을 마치고자 합니다. 김 사장님, 황 사장님, 다음 바통을 누가 이어 받아주시겠어요?

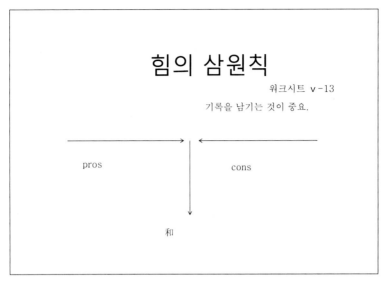

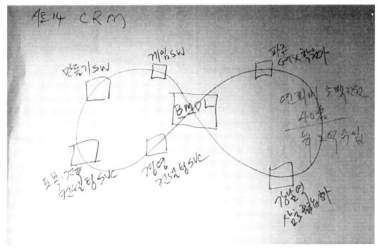

시트6 [CNS 1.0 매뉴얼]

　원펀치 강좌에서 간단히 작년도에 나온『콘셉트 경영』책과 이번에 나오는『컨셉팅하라 그리고 코딩하라』책의 차이가 뭔지에 대한 소개를 드렸다.

　요는 책의 콘셉트가 바로서야 팔릴 거라는 것이다.

　휴, 저희는 일찍이 없었던 범주라 이 컨셉팅이 여간 어렵지가 않네요.

　한 마디로 하면, 이전에 나온 책이 기획 실무서였다면, 이번에 나올 책은 거기서 파생한 매뉴얼서입니다.

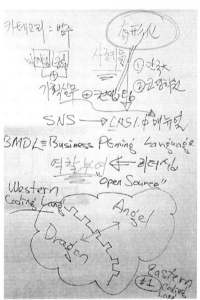

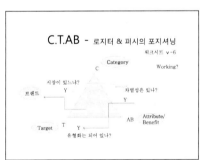

시트 12, 14 [원펀치와 아이부스, 그 일관성과 변신]

콘셉트 개발은 일관성과 변신이 생명입니다. 끊임없이 변신을 거듭하지만, 초지일관 지켜내는 그 가치는 뚜렷합니다. 저희 컨셉팅하라 그리고 코딩하라 책자가 다루는 콘텐츠를 사례로 한번 들여다보겠습니다.

1. 어쩌다 대학 LINK+ 사업에 들어가게 되어서 거기 창업동아리 학생들을 대상으로 기술융합 해내는 노하우를 전수해달라는 요청이 있었습니다. 이 요청에 맞추기 위해서 찾아낸 개념이 엑셀러레이터와 프랜차이즈 개설이었습니다.

2. 그러나 막상 대학 현실에선 엑셀러레이터 보다는 보다 광범위하게 융합과 개념, 즉 콘셉트 융합을 해내는 지식이 수요가 있다는 사실을 알게 되고서 개념훈련 콘텐츠를 좀 더 다듬었습니다.

3. 또다시 실질적인 가치창출이 눈에 보이지 않고선 대학생들을 움직일 수 없다는 걸 알게 되었고, 객체구현 노하우 전수에다 초점을 맞추게 되었습니다. 페이스북 페이지 - 그룹 객체로 자신(팀)의 아이템을 구현해내어 소통하면서 비엠을 개발하게 하는 방식입니다.

4. 코딩에 대한 대학생들의 수요가 대단하다는 것도 알게 되었습니다. 이 니즈에 부응하는 것이 마땅하겠다는 생각에서 저희 콘텐츠를 '융합코딩'이라 다시 이름 지어 다가갑니다. 여기선 코딩을 배워서 어떻게 활용할 수 있는지를 배웁니다. 그리고 구체적으로 코딩 해내는 지식을 어떻게 익힐 수 있는지를 알려드립니다. 유튜브 동영상 사이트 추천. 배우는 것은 자신의 몫.

5. 도와줄 코딩 강사들을 파트너로 끌어들이기 위해 나온 동기부

여 책이 비즈니스 프로그래밍 랭귀지 개발 프로젝트입니다. 원펀치(혹은 Palhana) BMDL이라고 부릅니다. 저희는 컴퓨터 랭귀지를 하나 만들어내겠다는 비전을 세워서 나아갑니다.

결국 엑셀러레이터 - 개념훈련 - 객체구현 - 융합코딩 - BMDL 개발이란 각기 다른 다섯 종류의 커리큘럼을 개발해왔다고는 하나, 다른 이름으로 불릴 뿐, 기실 그 내용에선 대동소이한 걸로 사료됩니다.

6. 원고를 쓰는 이 다섯 달 동안(2018. 10. 16.~2019. 3. 15.) 저희 콘셉트 또한 눈부시게 변신해왔습니다. 처음엔 아이부스 엑셀러레이터 개념의 프랜차이즈가 등장했다가, 그게 여의치 못하자 곧 IT 융합이란 브랜드로 갈아탑니다. 그리고는 코딩스쿨 체인으로 변신합니다.

7. 이벤트 개최도 처음엔 아이부스 아카데미로 시작했으나, 그게 여의치 않자 IT 융합 코딩스쿨로 이름을 개명해서 갈아탑니다. 다들 익히 아는 바와 같이 코딩학원 사업에선 당연히 아이부스 보다는 IT 융합이 소비자에겐 더욱 어필하는 브랜드니까요. 카테고리를 장악할 수 있는 힘 있는 이름이라 사료됩니다.

8. 이런 변신이 일어나는 데엔 대학 들어가서 피부로 느낀 대학과 대학생들이 당면한 현실적인 니즈를 접하고 확인할 수 있었기에 과감히 방향을 틀 수 있었습니다. 오랜만에 들어가 본 상아탑의 현실은 상당히 긴장된 분위기였습니다.

결론입니다. 귀하께서도 콘셉트를 만들어내는 데에 프로가 되시려면, 여기 "컨셉팅하라 그리고 코딩하라"에서 취한 일관성과 변신을 잘 눈여겨 보시기 바랍니다. 하나의 귀감 사례가 될 수 있을 것입니다.

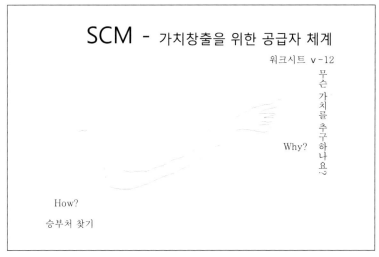

SCM - 가치창출을 위한 공급자 체계

워크시트 v-12

무슨 가치를 추구하나요?

Why?

How?

승부처 찾기

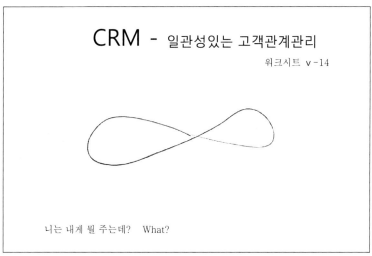

CRM - 일관성있는 고객관계관리

워크시트 v-14

니는 내게 뭘 주는데?   What?

IT 융합 우린 원펀치 가치창출과 아이부스로 승부합니다.

IT 융합 지금은 아이부스, 아이부스 아카데미랑 IT 융합, 융합코딩으로 둘로 나뉘어서 각자의 길을 갑니다. 각기 대학과 일반이 타깃입니다. 그렇지만, 궁극에 가면 이 둘은 하나로 만나지 않을까요?

콘셉트 보드의 변천사

구분	페이지	그룹	탄생 비엠, 특기사항, 브랜드
콘셉트 보드1	87	개념훈련	아이부스 체인사업 브랜드 아이부스
콘셉트 보드2	107		기술융합 개념의 등장 브랜드 개념훈련
콘셉트 보드3	207	객체구현	객체구현 개념의 등장 브랜드 아이부스 아카데미
콘셉트 보드4	249		코딩서비스 개념의 출현 브랜드 it융합 코딩스쿨
콘셉트 보드5	264		컨셉팅하라 슬로건의 등장 브랜드 it융합 코딩스쿨
콘셉트 보드6	275	융합코딩	융합 프로그래머 양성과정 개념의 등장 브랜드 it융합 코딩스쿨
콘셉트 보드7	292		AI언어 학습 프로그램, 성과가 있으면 지불하라 개념의 등장 브랜드 융합코딩

코딩은 별도의 매뉴얼로 배포

오늘 출판사 원고를 마감하고, 교정 디자인 편집에 넘깁니다. 어떻게 예쁘게 나오게 될지 궁금합니다.

돌아보니, 이 책은 다른 일반 책들과는 많이 달라 보입니다.

1. 참조했다는 주기가 하나도 없습니다. 대신에 레퍼런스가 모두 본문에 들어가 있습니다.

2. 주로 융합(Convergence)에 해당하는 내용만 담겨있습니다. 이걸 매뉴얼로 해서 제가 IT 융합 코딩스쿨에서 #컨셉팅 하는 노하우를 전수해드리는 용도입니다.

3. 참고로, 코딩(Coding)에 해당하는 내용은 클래스에서 쓸 용도로 저랑 동업자로 들어오실 강사님께서 별도로 #코딩 교안을 만들어 코딩스쿨에서 배포하실 예정입니다.

4. 이 책이 서가의 어디쯤에 꽂히게 될는지 궁금합니다. 아마도 경영 전문서적 코너에 오르지 않을까요? 작년에 나온 『콘셉트 경영』 책과 같이 나란히 오른다면, 전 만족할 거 같아요.

5. 아무튼 이 책은 융합코딩이라는 hidden leaders group을 위한 책으로 썩 제겐 만족스러워 보입니다.

이 책 개발에 '좋아요'로 응답해주신 여러분들께 심심한 감사의 인사를 올립니다.

코딩서비스 구성

소셜미디어에서 지름길 찾기

우리 아예 소셜미디어에서 지름길을 찾을 수 있지 않을까요, why not?

… 그렇게 자란 20대가 막상 사회에 진입하자 '노력=성공'이란 공식이 통하지 않았다. 열심히 공부해도 취업을 잘할 거라는 보장이 없다. 간신히 직장을 잡아도 월급이 나올 뿐, 집 살 전망은 아득하다. 자신은 허덕이며 먼 길을 돌아왔는데, 소셜미디어에는 자기보다 쉽게 지름길을 간 듯한 또래들이 숱하게 널려 있다. 박 교수는 "지금 20대에게 '어떤 일이건 밑바닥부터 배워야 한다'는 걸 깨닫게 해줄 필요가 있지만, 부모 세대와 다른 그들의 절망을 이해할 필요가 있다."라고 했다.

NEWS.CHOSUN.COM
"노력=성공, 부모들의 공식… 우리한테는 먼 얘기네요"
남들이 보기에 셰프 채민구(가명·27) 씨는 '꿈을 이룬 경우'였다. 그는 지방에서 올라와 서울의 한 대학을 졸업했다. 학창 시절부터 도시락 장사…

새로운 랭귀지의 발견 - 소프트웨어 엔지니어링

일단 이 Github로부터 우리 한번 시작해볼까요?

··· 새로운 컴퓨터 알고리즘의 핵심은 엔지니어가 코딩한 '소스 코드'다. 소스 코드만 있다면 동일한 알고리즘을 누구나 컴파일해 상용할 수 있다. 대부분 IT 업체들이 자신들의 소스 코드를 국가기밀 수준 이상으로 보호하고 있는 이유다. 하지만 딥러닝 리더들은 오픈 소스 방식을 선호한다. 기트허브(Github) 같은 무료 사이트를 통해 최첨단 소스 코드들이 공유되고 있기에 인공지능 기술들이 기하급수적으로 발전했다고 가설해 볼 수 있겠다.

NEWS.CHOSUN.COM
[김대식의 브레인 스토리] [330] 모든 기술을 공유해도 될까?
수십 년 동안 공상과학 영화에서나 볼 수 있었던 '인공지능'···.

저희도 기트허브를 활용해 오픈소스로 랭귀지를 하나 개발해보겠습니다

코딩을 배우는 건 요즘은 매우 쉬워진 것 같아요. 워낙 오픈 소스들이 즐비하니, 그걸 갖다가 흉내 내어 쓰다 보면 익히게 되는 것 같습니다. 다만, 인터넷상엔 온갖 글이 다 검정되질 않고 올라오니, 유의하셔서 믿을 만한 사람이 얘기하는 걸 따르는 게 유리할 겁니다.

아래는 AI를 배우기에 적합한 한 유명 오픈 소스 사이트 github.com을 들어가 나온 초기화면 입니다. 회원가입하고, 내가 이네들 조직을 활용할 건지를 결정하고 나면,

스텝 1. hello-world repository를 만들어보는 실습을 합니다. 그리고선 기트허브의 repository 관리기능을 소개합니다.

스텝 2. branching은 repository에서 버전 관리가 되게 해주는 기능입니다. 버그나 기능 개선이 확인되고 나면, 다시 production으로 넘겨서 master 버전으로 관리하는 방식입니다. master에서 branch를 하나 만들어내는 실습을 합니다.

스텝 3. branch에서 내용에 변경을 해봅니다.

스텝 4. pull request에선 달라진 내용을 비교해보면서 수정할 수 있게 해줍니다.

스텝 5. pull request한 내용으로 애초의 master 버전을 바꿔줍니다.

모든 매뉴얼은 당연히 영어로 되어 있습니다. 리눅스를 별도로 깔지 않더라도, 코딩 없이 대시보드에서 선택하는 방식입니다. 설명을 읽다 보니, 이게 오픈 소스를 관리하는 세계에서 제일 큰 사

이트 같아 보입니다.

저도 따라 해보았습니다

GITHUB.COM

Build software better, together

GitHub is where people build software. More than 31 million people use

나 자신의 한계에 한번 도전해봅니다.

'컨셉팅하라' 하면 내 역할이 끝나는 줄로 알았습니다. 하지만 막상 '코딩하라'도 제 몫인 줄은 이제야 깨달았습니다.

세상은 결국엔 제 자신이 스스로 헤쳐내야 하는 거였습니다.

주변 사람은 조연에 그치는 역할입니다.

자, 필자는 코딩을 언제 했더라? 80년대가 아니었을까요? 그 당시는 금융업무 전산화, 대학학사관리, 회계패키지 개발, SI컨설팅 정도의 차원이었어요. 그리고 90년대에 통신사 선로고장진단시스템 개발 및 운영자로 재직한 것이 현업으로선 끝이었나 봅니다. 아, 하나 더 있네요. 전화정보서비스 사를 창업해 telephony 코딩을 한 기억이 납니다. 그리고는 한 동안을 비즈니스 한다고 분주하게 지냈습니다. 코딩은 거의 잊다시피 한 채로. 그러다 다시 2천년대에 들어와선 모 대학원에서 자바 프로그래밍, 앱 개발을 가르치게 되었어요. 한 7년 정도. 이때도 지금처럼 새삼스럽게 개발환경을 다시 깔고 각오를 새롭게 가다듬고서 시작했던 기억이 생생합니다.

그러니 어찌 보면, 전 제법 코딩을 해보았다 할 수 있겠습니다. 하지만, 그 이후로 또 한 십 년간을 코딩을 떠나있다가 돌아와 보니, 지금의 개발환경은 그때와는 또 너무도 달라진 것 같아요. 그 극명한 모습이 바로 이 github.com입니다.

세상은 이제 오픈 소스가 대세고, 그걸 통치하고 있는 지배자가 기트허브 같아 보입니다. 탄생한 지 불과 5년밖에 안 되는데도. 전 그걸 어제 사 비로소 신문에 난 기사를 보고 알았답니다.

전 이제 막 다시 코딩에 재 입문한 겁니다. 좋습니다, 이 늙은 쥐가 다시 한번 시동을 걸어 보겠습니다. 다만, 이번엔 컨셉팅해내는 노하우로 채비를 단단히 갖춘 것이 이전과는 좀은 달라졌다고 여겨집니다.

아들에게서 이런 대답을 들었습니다

제겐 아들이 둘 있고, 둘째 아이는 십 년째 모 자동차회사 연구소에 다니고 있습니다. 브레이크 엔지니어링 기술에선 단연 최고 기술을 갖게 되었다 합니다.

그래서 좀 더 큰 세상에 뛰어들어 보라고, 소프트웨어 회사로 한번 옮겨가 보질 않겠느냐고 권했더니, 숙고 끝에 이런 대답을 제게 합니다.

"소프트웨어는 그저 부품에 지나지 않습니다. 저는 좀 더 큰 세상에 나아가 보고 싶습니다. 하지만 소프트웨어를 직업으로 갖는 것은 그리 바람직해 보이지 않습니다."

어디서 많이 들어왔던 얘깁니다. 그렇습니다. 우리 사회는 소프트웨어를 전공한 이들은 그저 인문 실용학문이나 하드웨어를 전공한 이들이 갖는 직업에 부품 역할을 해온 것에 그쳐왔으니까요. 지난 삼 사십 년 우리 사회가 겪어온 것에서 우린 고스란히 그런 현상을 지켜 보아왔습니다.

'어, 이 아이가 하는 말이 틀린 건 아니잖아. 우리 세상이 그랬잖아. 근데, 아니거든 세상은 이제 막 모두가 소프트웨어를 해야 한다고 나서고 있잖아. AI니 기계학습이 세상을 온통 바꾸게 될 거라면서 말이야.' 그래서 한 동안은 저도 약간은 혼란이 왔답니다.

여러분이라면 이 답변에 과연 어떤 지혜로운 대처를 할 수 있으실까요?

답변은 아마도 제 각각 이겠지요? 저부터 한번 답변해보겠습니다. 소프트웨어가 세상을 움직여온 것은 맞습니다. 휴렛 패커드 이후에 그 흉내를 낸 스티브 잡스라든지, 빌 게이츠, 그리고 이후에 등장한 구글, 페이스북 등이 일구어낸 비즈니스가 모두 소프트웨어 천재가 만들어낸 비즈니스의 영역들이고, 이들이 세상을 바꾸어 왔습니다. 그런데 우린 거기서 어떤 공통점을 한번 찾아볼 수가 있답니다. 뭐죠?

모두가 영어를 씁니다. 그리고 소프트웨어 천재들입니다.

그리고 나머지 소프트웨어를 한다는 사람들은 이들이 만들어 놓은 비즈니스 플랫폼 위에서 그 비전과 기회를 공유하기 위해 뛰어든 이들입니다. 그러니 아들이 한 말이 틀리지 않습니다.

다만, 우리가 영어를 쓰고, 소프트웨어 천재라면 이야기는 달라집니다. 세상에 새로운 비전을 열고 수많은 이에게 먹고 살 기회를 열어줄 수 있을 테니까요. 귀하께선 영어를 쓰시나요? 소프트웨어 천재이신가요?

아마도 여러분 대다수는 아닐 겁니다. 글쎄요, 남들처럼 막무가내로 소프트웨어를 직업으로 할 거라고 개발자로 뛰어드시는 건 좀 생각해보아야 하지 않을까요? 다른 여러분의 적성에서 비전과 기회를 창출하는 건 어떨까요? 너무 경쟁이 심하고, 자릴 잡기가 어렵다고요?

하지만, 이런 질문은 가능할 겁니다. 내 직업은 그대로 갖고 있되, 내가 프로그래밍, 즉 코딩을 할 수 있게 된다면, 내게 보다 나은 비전과 기회가 주어지지 않을까?

그렇습니다. 이게 제가 제 아들에게 주어야 할 답변인 걸로 보입니다만, 귀하께서는 어떤 생각이신가요?

결국은 "컨셉팅하라 그리고 코딩하라"라고 세운 우리의 캠페인 슬로건이 틀리지가 않았다 사료됩니다.

IT 융합 애초에 전 몇 줄 코딩하는 노하우를 여기 책에도 올리고자 했습니다. 하지만, 막상 진행하다 보니 그건 그리 의미가 없겠다는 생각이 듭니다. 코딩 잘 가르쳐주는 좋은 곳이나 사람을 발견해서 안내하고, 강사로 세워드리면 충분할 거라는 겁니다. 코딩 튜토리얼의 천재 나동빈 씨 하나로도 여러분은 충분히 유튜브를 보면서 독학으로 익혀낼 수 있을 겁니다. 좀 더 응용이 필요하신 분께는 저희 코딩 스쿨의 김주성 강사님을 소개 드립니다. 늙은 쥐인 제가 굳이 코딩 몇 줄 시작한다는 것이 그리 의미가 있어 보이진 않네요. 제 둘째 아이가 제게 큰 가르침을 주었습니다.

palhanaBMDL repository로 오세요

이 동영상 하나면, 우리 이 유닛2의 목적 달성엔 충분해 보입니다만, 김주성(Jusung Kim) 사장님 어떠신가요?

나동빈(Dongbin Na) 씨 대단하신데요. 역량이 뛰어납니다. 전체를 보는 눈이 명확하게 개념이 잡힌 듯 하고, 디테일에서도 정확합니다. 군더더기가 없는 강의를 하는 군요.

코딩서비스 구성? 우린 오픈 소스로 한다. 그리고 우린 기트허브에서 소프트웨어 엔지니어링을 한다. 거기 palhanaMBDL repository에 가면 우리랑 같이 개발하시는 분들의 프로젝트가 다 담겨있다.

입출력, 객체생성, 관계기능, 캔버스 그리기, 불러쓰기, recursion, 메신저, 블록체인, 게임일반, 기계학습… 등등 모든 오픈소스가 여기에 다 올라있다. 물론 여러분들이 갖다 쓰시는 것 모두가 공짜.

명쾌하네요.
짧은 시간에 오픈소스로 개발할 수 있는 환경설정을 마치게 해줍니다.

YOUTUBE.COM
Git 설치 및 사용법 익히기 [Git으로 시작하는 협업 및 오픈소스 프로젝트 1강]
Git 설치 및 사용법 익히기 [Git으로 시작하는 협업 및 오픈소스 프로젝트 1강] 강의…

IT 융합 기트허브가 탄생한지는 이제 겨우 5년이라 합니다. 세계 대회를 연지도 세 번밖에 되지 않는 갓 태어난 조직입니다. 근데, 세계 최대의 오픈 소스관리 조직이 되었다네요. 놀라울 뿐입니다.

IT 융합 우리도 기회를 보아서 동영상으로 유튜브에 나가야 할 거 같아요. 개념 훈련, 객체구현, 융합코딩 이 셋이면 충분히 구독자를 만들어낼 수 있을 겁니다. 그래서, IT 융합 코딩스쿨 수강생들을 모아야 할 것입니다. 품질단서요, 색조 화장, 유인책으로 한 번에 써먹는 거지요. 남들 믿을 거 없습니다. 그저 제가 혼자서 한다고 생각하고, 일 처리를 해야 할 걸로 예상됩니다. 그냥 녹화만 해서 내 보내는 방식을 취하고자 합니다. 그래야, 손도 덜 가고, 관심 있는 자들의 이해를 도울 수 있지 않을까요? 거기서부터 시작해, 하나 둘 동역자를 만나야 할 것입니다.

근데, 우린 무슨 이름으로 나가야 할까요? 기트허브가 그 사례를 잘 보여주고 있네요. 우리 클래스 이름은 "IT 융합 코딩스쿨", "융합 프로그래머 양성과정" 입니다만, 그걸 그대로 쓰면 안될 걸로 보입니다. 남들과 별로 다를 바가 없으니까요. 부제로나 써먹을 수 있을 정도. 아마도 "컨셉팅하라 그리고 코딩하라"로 나가야 하지 않을까요? 실제로 살아있는 사례를 만들어가는 우리 경우엔, 관심 있는 자들에겐 정말로 재밌는 구경거리로 등장할 수 있을 거라 사료됩니다. 나중에 책이 팔릴 거도 예상해야 하고요.

자바, *C++*, *Python* 응용

자바 랭귀지를 배웁니다

유닛3으로 넘어갑니다. 코딩언어로 응용에 들어가기 전에 그 언어를 바르게 쓰는 법부터 배워야 합니다. 이는 외국어를 배우는 것과도 별로 다르지가 않습니다. 욕심내지 마시고, 하나씩 인내심을 갖고서 접근해야 하십니다. 먼저 자바부터 배워 보겠습니다.

말이 더 필요가 없습니다. 나동빈 씨 정말 탁월합니다.

이 동영상으로 배우기 시작하시면, 개발자들이 제일 선호하고 많이 쓰는 자바가 바로 여러분의 원펀치가 되실 것입니다.

그냥 1강부터 시작해서 10강까지 천천히 같이 따라 해보시기 바랍니다. 응용에 들어갈 수 있는 역량을 충분히 갖추게 되실 겁니다. 단계마다 꼭 자신의 아웃풋(산출물)을 확인하셔야 합니다.

YOUTUBE.COM
자바 기초 프로그래밍 강좌 1강 - Hello World! (Java Programming Tutorial 2017 #1)
자바 기초 프로그래밍 강좌 1강 - Hello World!(Java Programming Tutorial 2017 #1) 강의…

C, C++ 배우실까요

다음이 역사를 자랑하는 C, C++ 언어

C, C++ 공히 여기서부터 시작해서 배우시기 바랍니다. 대단한 내공을 가진 강사님이세요.

그냥 잘 듣고 따라 하시면 쉽게 배우실 겁니다. 조회 수 20만 회, 정말 대단합니다.

YOUTUBE.COM

C언어 기초 프로그래밍 강좌 1강 - Hello World (C Programming Tutorial For Beginners 2017 #1)

C언어 기초 프로그래밍 강좌 1강 - Hello World (C⋯)

파이썬이 요즘 대학가에서 인기더군요

세상 참 격세지감입니다.

유튜브 강좌가 이토록 유용하게 컴퓨터 랭귀지 교육에서 쓰이고 있을 줄이야.

이제 걸출한 스타 강사들이 이렇게 하나 둘 배출될 수 있는 필요 충분 조건을 갖춘 걸로 보입니다.

파이썬이 요즘 대학가에서 인기가 있더군요. 교육용이며, AI 응용을 많이 접할 수 있다는 점이 유리하다 합니다.

융합코딩은 이렇게 유튜브랑 분업할 수 있어서 좋은 거 같은데요. 뭐, 다툴 필요가 없잖아요.

기본적으로 세 랭귀지의 습득은 이걸로 모두 마치겠습니다.

열심으로 한번 밟아들 보시기 바랍니다.

응용은? 그건 구체적으로 고객님이 갖고 오시는 걸로 잠자코 계신 저희 김주성 강사님을 일깨워 드리지요.

이상으로 유닛3까지 모두 마칩니다.

YOUTUBE.COM
1강 - 파이썬(Python) 수업의 개요와 프로그래밍의 개념 [파이썬(Python) 초급 부터 고급까지]
1강 - 파이썬(Python) 수업의 개요와 프로그래밍의…

유닛 4.

게임개발

유니티 기초강좌부터 시작해볼까요

이 글이 유닛4의 시작이자, "컨셉팅하라 그리고 코딩하라" 원고의 마지막 꼭지입니다. 여기까지 해서 원고마감하고, 책자 발간을 위한 편집에 들어가겠습니다.

나동빈 씨에 대한 신뢰가 절 여기까지로 이끌었네요.

김주성(Jusung Kim) 사장님이 주시는 교재랑 같이 활용하면 여기서 우리 좋은 성취를 이룰 수 있을 걸로 예상됩니다.

BLOG.NAVER.COM
생초보도 따라할 수 있는 게임 개발 강좌! Unity 기초 강좌를 소개합니다!
안녕하세요. 안경잡이개발자 나동빈입니다. 이번에 게임 개발을 위한 Unity 기초 강의를 하나 만들게 되었⋯.

비즈니스에서 코딩으로 넘어가기까지

끝맺음 한 꼭지 더. 비즈니스 현실세계에서 필요로 하는 규칙세우기가 좀 더 편리하게 구현된 것이 소프트웨어이고, 그걸 이루어 내는 게 코딩 작업이라는 것이 제가 찾아낸 융합코딩 개념입니다.

돌아보면, Data Flow Diagram과 Entity-Relationship Modeling, 그리고 DB 디자인이 빠졌습니다만, 그건 학원사업을 열 때의 이슈가 아닙니다. 지난번 원펀치 출판사 비엠 개발 시에 담았던 내용으로 갈음코자 합니다(『콘셉트 경영』 pp.159-179 참조).

"컨셉팅하라 그리고 코딩하라" 책자 원고가 다 나온 걸로 보입니다. 우리 이렇게 해서 한번 이륙해보렵니다.

이륙해 날다 보면, 이것저것 응용한 적용사례들이 나올 테고, 거기서 또 우린 많은 것을 배울 기회가 생길 겁니다. 지금껏 지켜 보아주신 독자 여러분께 감사드립니다. 앞으로도 많은 성원과 지지를 아끼지 말아 주시기 바랍니다.

강의계획서

기본 정보	과정명	"컨셉팅하라 그리고 코딩하라"
	모듈명	AI언어 학습 프로그램
	강의 시간	3일/20시간
	학습 대상	- 대학생 및 일반인, 신입 및 경력, 팀장 및 경영자. 코딩 완전 초보부터 시작해서 시니어까지 자신의 전공에 코딩을 활용해낼 수 있는 수준으로 끌어 올려드립니다.
과정 개요		일정한 프로시쥬어를 밟게 함으로써 사업계획 및 실행 솔루션을 찾는 과정에 창의와 집단지성을 더했습니다.
학습 목표		개념훈련 객체구현 융합코딩으로 컨셉팅 코딩 해내는 노하우를 전수해 드립니다. 비즈니스 현실 세계에서 필요로 하는 규칙 세우기가 좀 더 편리하게 구현된 것이 소프트웨어이고, 그걸 이루어내는 게 코딩작업입니다. 귀하와 귀 팀을 취업 창업에 유리한 실전코딩 전문가로 만들어 드리겠습니다.

강의 방식	이론 강의, 워크숍, 실습 중심
학습 내용	**모듈 1.** 포지셔닝, 전략(7시간) - 미 와튼스쿨 포지셔닝 방법론을 활용한 유용한 포지셔닝 전략 - 마케팅 조사 및 분석 - 가치창출을 위한 공급자 체계, 일관성 있는 고객관계 관리 **모듈 2.** 객체(Object)로 구현, 코딩(7시간) - 마중물 전술 및 리더십 구현 - Data Flow Diagram 및 Entity-Relationship 모델링 - 자바, C++, 파이썬 코딩 **모듈 3.** 집단지성을 이루는 세 가지 툴(3시간) **모듈 4.** 워밍업, 귀 기울이기, 인큐베이트(3시간)
기타 사항	파일럿 특강 가능(1~2시간)

워크시트 19쪽

0. 이집트의 상형문자

1. 관심 30개

2. 효율적인 회의 진행

3. 다음 이슈에

4. 목적기술구조도

5. 여행감상문

6. C.T.A.B

7. 컨셉보드

8. 소비자수용도

9. 경쟁지각도

10. 공간지각도

11. 비즈니스모델 캔버스

12. SCM

13. 힘의 삼원칙

14. CRM

15. 펌프 프라이밍

16. 리더십구현

17. 요구사항 수렴

18. 객체구현